D1731734

Pascal Wenger

Sicherheit als Teil des Informationsmanagements verstärkt in die Unternehmensführung einbinden

Investitionen in die Sicherheit von Informationstechnologien als kritischer Erfolgsfaktor der Zukunft

Diplomica Verlag GmbH

Wenger, Pascal: Sicherheit als Teil des Informationsmanagements verstärkt in die Unternehmensführung einbinden: Investitionen in die Sicherheit von Informationstechnologien als kritischer Erfolgsfaktor der Zukunft.
Hamburg, Diplomica Verlag GmbH 2013

Buch-ISBN: 978-3-8428-9399-3
PDF-eBook-ISBN: 978-3-8428-4399-8
Druck/Herstellung: Diplomica® Verlag GmbH, Hamburg, 2013

Bibliografische Information der Deutschen Nationalbibliothek:
Die Deutsche Nationalbibliothek verzeichnet diese Publikation in der Deutschen Nationalbibliografie; detaillierte bibliografische Daten sind im Internet über http://dnb.d-nb.de abrufbar.

© Diplomica Verlag GmbH
Hermannstal 119k, 22119 Hamburg
http://www.diplomica-verlag.de, Hamburg 2013
Printed in Germany

I Inhalt

1. Einleitung	**1**
1.1. Ausgangslage	1
1.2. Schwachstellen in der Interaktion zwischen Management und Sicherheit in der Informationstechnologie	3
1.3. Ziele und Abgrenzung	5
1.4. Vorgehen und Aufbau	6
2. Sicherheit der Informationstechnologie und das Einbinden in die Managementperspektive	**8**
2.1. Unternehmensführung	9
2.2. Managementkonzepte	10
2.2.1. Corporate Governance/COSO	12
2.2.2. IT-Governance/COBIT	14
2.2.3. Informationssicherheit / ISO/IEC 2700x	15
2.2.4. IT-Service Management / ITIL	17
2.2.5. IT-Risikomanagement / ISO/IEC 31000	18
2.3. Technische und organisatorische Aspekte der Sicherheit	19
2.3.1. Abgrenzung der Sicherheit	19
2.3.2. Abhängigkeiten zwischen Risiken und der Sicherheit	23
2.3.3. Sicherheit - eingebunden in die Organisation der Unternehmung	27
2.4. Eine integrale Perspektive auf das Unternehmen zeigt ein vernetztes System	29
2.4.1. System	31
2.4.2. Systemisches Denken	35
2.5. Fazit	40
3. Theoretische Untersuchung zur Überprüfung der Forschungsfrage	**42**
3.1. Überlegung bei der Vorbereitung zur Durchführung der Untersuchung	42
3.1.1. Methodik der Untersuchung	42
3.1.2. Qualität der Untersuchung	44
3.1.3. Vorgehen bei der Untersuchung	45
3.2. Entwicklung des Wirkungsdiagramms – Informationssicherheit und Unternehmensführung	50
3.3. Untersuchung der Feedbackschleifen als Teil des Wirkungsdiagramms	53
3.3.1. Feedbackschleife - Unternehmenswachstum	53
3.3.2. Feedbackschleife IT-Service Funktionalität	60
3.3.3. Feedbackschleife-Risiko	64
3.4. Untersuchung der Kommunikation im Wirkungsdiagramm	68
3.5. Fazit	70
4. Wirkungszusammenhänge und Empfehlungen	**71**
4.1. Erkenntnisse zu den Wirkungszusammenhängen	71
4.2. Erkenntnisse im Kontext der Forschungsfrage	74
4.3. Empfehlungen zur verstärkten Einbindung der Sicherheit in die Unternehmensführung	76
4.3.1. Empfehlung zu den Dimensionen: Organisation, Managementkonzept und Prozess	76
4.3.2. Empfehlung zu den Dimensionen: Kommunikation	78
4.4. Praxis	79

5.   **Kritische Würdigung**..84

6.   **Schlussbetrachtung und Ausblick**..86

  6.1.   Schlussbetrachtung..86

  6.2.   Ausblick..87

7.   **Verzeichnisse**..89

  7.1.   Abkürzungsverzeichnis..89

  7.2.   Abbildungsverzeichnis..90

  7.3.   Literaturverzeichnis..91

1.   Einleitung

Im ersten Kapitel soll in diesem Buch die Ausgangslage (Kapitel 1.1), die Schwach-stellen in der Interaktion zwischen der Unternehmensführung und der Sicherheit der Informationstechnologie (Kapitel 1.2) und die Nutzung der Managementkonzepte untersucht und erläutert werden. Ausgehend von der Forschungsfrage und den auf-gestellten Thesen werden folgend die Zielsetzungen, erwartete Ergebnisse aufgezeigt und eine Abgrenzung des Themenbereichs vorgenommen (Kapitel 1.3). Die Be-schreibung zum Vorgehen und Aufbau der Untersuchung (Kapitel 1.4). schliesst die-ses erste Kapitel ab.

1.1.   Ausgangslage

Die Informations- und Kommunikationstechnologie hat sich in der Vergangenheit stark entwickelt; mit einer Weiterentwicklung ist auch zukünftig zu rechnen. Bereits im Jahr 1993 wurde dazu erklärt, dass die Systeme der Informationstechnologie zunehmend für die Unternehmungen relevant werden und dies als ernst zu nehmendes Thema einzustufen ist.[1] Diese Wichtigkeit der Informationen, welche in den Geschäftsprozes-sen der Unternehmen genutzt werden, wurde im Jahre 2004 im Lexikon der Wirt-schaftsinformatik ausser Frage gestellt. Dabei äussern sich die Herren Heinzel und Roithmayer dahin gehend, dass Informationen alle anderen Produktionsfaktoren durchdringen werden.[2] Äusserungen, die sich nach heutiger Betrachtung bewahrheitet haben. So macht die Konferenz für Berufsbildung *Information and Communication* fol-gende Angaben zur Entwicklung der Informationstechnologie. Es zeichnet sich für die Zukunft ab, dass bis 2017 rund 212'300 Schweizerinnen und Schweizer im Sektor der Informations- und Kommunikationstechnologie arbeiten werden. Das entspricht einem dreifachen Wert der erwerbstätigen Personen, welche im historisch verankerten Land-wirtschaftssektor (62'000) tätig sind und einem fast doppelt so hohen Wert der im Bankensektor (110'000) Beschäftigten.[3] Eine Entwicklung, welche unter anderem auch an der steigenden Anzahl mobiler Geräte erkennbar ist, wie die rasant zunehmende Vielfalt an Funktionalitäten bei Geräten und Anwendungen im Gebiet der Informations- und Kommunikationstechnologie zeigt. Der *Mobile-Report* der Firma Net-Metrix liefert quantitative Auswertungen und Informationen zur Entwicklung der mobilen Internet-nutzung über sogenannte Small Screen Devices. Die aktuelle Ausgabe des Reports zeigt, dass der mobile Besuch im Internet immer beliebter wird. Nutzte das Internet im Jahr 2010 mehr als jeder vierte Anwender über mobile Geräte wie z. B. das Smart-phone, ist es gemäss Mitteilung von Net-Metrix aktuell fast jeder zweite Internetan-wender.[4]

Diese immer neueren und weiter ausgereiften Informations- und Kommunikationstech-nologien können nicht nur für den privaten Bereich genutzt werden. Auch Unterneh-men wird ermöglicht, diese in fast allen betriebswirtschaftlichen Abläufen einzusetzen.

---

[1] (Baskerville, 1993)
[2] (Lutz, Arminl, & Friedrich, 2004), S.935
[3] (Bildungsdirektion Kanton Zürich, 2011)
[4] (NET-Metrix AG, 2012)

Bei einem Einsatz kann somit die Informationstechnologie die entscheidenden Geschäftsprozesse eines Unternehmens unterstützen, bei der Bearbeitung von Aufträgen bis hin zum Rechnungswesen. „[…] In vielen Industriebereichen hat die Informationstechnologie dabei zu wesentlichen Transformationen und Innovationen geführt. Im Finanzdienstleistungssektor hat sich die ICT zu einer wesentlichen Kernkompetenz entwickelt, in anderen Branchen hat die Informationstechnologie durch digitale Multimedia neue Produktwelten rund um Video und Audio geschaffen."[5] In der heutigen Art der Nutzung der Informationstechnologie spielen somit die Informationen und deren Daten eine immer grössere Rolle. Untersuchungen von IBM zu den Datenmengen gehen davon aus, dass 90 % aller weltweit verfügbaren Daten in den vergangenen zwei Jahren entstanden sind.[6] Dabei müssen die Unternehmen nicht nur mit dieser Menge an Daten umzugehen wissen. So wirkt sich dies auch auf die Anzahl von Informations- und Kommunikationsbeziehungen aus und stellt erhöhte Anforderungen an die Fachbereiche der Informationstechnologie, aber auch an die Sicherheit.[7] Unter Betrachtung dieser Entwicklung und deren Einflüsse auf das Unternehmen stellt die Information heute einen Wert dar. Durch den Wert der eingesetzten Daten und Informationen innerhalb der Unternehmungen hat sich die Technologie für die Informations- und Datenverarbeitung, in den vergangenen Jahren zu einem Faktor entwickelt, welcher heute wie auch in der Zukunft nicht unwesentlich für die Unternehmensführung ist. Der Umgang mit Daten innerhalb vieler Unternehmen wird jedoch als problematisch beschrieben.[8] Eine Tatsache, welche es nachvollziehen lässt, dass die Bewertung der Informationstechnologie heute in Unternehmen strategisch höher ist als noch vor einigen Jahren. Wie durch den Autor in der Literaturrecherche festgestellt wurde, wird jedoch der Beitrag der Fachbereiche Informationstechnologie wie die Nutzen von neueren Funktionalitäten zum Unternehmenserfolg in der Theorie und Praxis zurzeit noch unterschiedlich und widersprüchlich diskutiert, obwohl verschiedene empirische Studien eine Beziehung zwischen der Informationstechnologie und dem Erfolg von Unternehmen nachweisen.[9]

Aufgrund dieser stetigen Entwicklung von Daten und Informationen sowie der damit verbundenen Anforderungen an die Qualität wird die Frage der Sicherheit immer stärker zu einem entscheidenden Faktor für die Gestaltung der Infrastruktur der Informationstechnologie und deren Betrieb. So wirken sich zum Beispiel die mobilen Geräte, Cloud Services oder die sozialen Medien nachhaltig auf die Risiken der Informationstechnologie und die dadurch benötigten Sicherheitsmassnahmen einer Unternehmung aus. Ausfallzeit, Geld-, Zeit- und Imageverlust sollen tunlichst vermieden werden. Ein Bestreben der Unternehmen, welches verständlich wird, wenn man diesbezüglich Zahlen aus der Marktforschung betrachtet. Das Marktforschungsunternehmen Coleman Parkes liefert z. B. in seiner Studie *Avoidable Cost of Downtime 2010* Zahlen, welche die Ausfälle in der Informationstechnologie beziffern. Dabei geben die an der Studie teilgenommenen europäischen Unternehmen Kosten von durchschnit-

---

[5] Lothar Dietrich 2006, S.21
[6] (VDI Verlag GmbH, 2011)
[7] (Böhm, 2008)
[8] (Bundesamt für Sicherheit ind der Informationstechnik (BSI), 2011)
[9] (Beimborn, Franke, Gomber, & Wagner, 2006)

tlich 263'347 Euro/jährlich an.[10] Es ist daher nachvollziebar, dass Unternehmen von einer weiter steigenden Bedeutung der Informationstechnologie und deren Sicherheit ausgehen und dabei der Sicherheit einen hohen bis sehr hohen Stellenwert einräumen. So jedenfalls äussert sich die Mehrheit der befragten Unternehmen in einer durchgeführten Studie des ibi Research über den Status quo und Entwicklungstendenzen hinsichtlich Sicherheitsstandards und Compliance.[11]

Nicht nur die Fachbereiche Informationstechnologie, auch die Unternehmensführung wird durch die oben beschriebenen Entwicklungstendenzen beeinflusst. Erkennbar wird dies dadurch, dass die Unternehmensführung sich vermehrt mit Informationen zu bestehenden und benötigten Ressourcen in der Informationstechnologie befasst. Dabei wird von der Unternehmensleitung erwartet, dass sie mögliche Sicherheitsrisiken erkennt und nachhaltige Massnahmen zur Behandlung einleitet. Die Transformation von bestehenden Informationen und vorhandenem Wissen in nutzbare Steuerungsgrössen der Unternehmensführung spielt dabei ein wichtiger Aspekt, vor allem vor dem Hintergrund der steigenden Komplexität. Dabei wird die Komplexität durch die Veränderung bei der innerbetrieblichen Arbeitsteilung, wie durch die hoch technologischen Fertigungsprozesse, weiter genährt.[12] Die Unternehmensleitung sieht sich heute wie auch zukünftig in ihrer Führungsaufgabe vor der Herausforderung, dass immer mehr Entscheidungen gefragt sind, die sinnvolle Kompromisse darstellen. Kompromisse, bei welchen alle Perspektiven, somit auch die der Informationstechnologie und die damit verbundene Sicherheit, berücksichtigt werden müssen.

1.2. Schwachstellen in der Interaktion zwischen Management und Sicherheit in der Informationstechnologie

Persönliche Beobachtungen in unterschiedlichen Unternehmungen zeigen dem Autor, dass in der Praxis Managementkonzepte im Rahmen der Unternehmensführung, der Informationstechnologie und der Sicherheit eingesetzt werden. Mit diesen werden Informationen bereitgestellt, welche jedoch bei einer ungenügenden Abstimmung Insel-Lösungen darstellen. Eine ungenügende integrale Betrachtung beim Aufbau und der Nutzung der Konzepte kann zu Fehlinterpretationen und nicht zuletzt zu Fehlentscheidungen führen. Um die Beobachtungen und die damit erkannte Problematik der Sicherheit und deren Informationen aufzeigen zu können, soll der Zusammenhang anhand einer Darstellung in Abbildung 1 und einer Situationsbeschreibung vereinfacht dargestellt werden, die Darstellung beruht auf Erfahrungswerten des Autors.

---

[10] (Coleman Parkes Research: CA Technologies, 2011)

[11] (Kronschnab, Weber, Dirnberger, Török, & Münch, 2010)

[12] (Malik, Management: Das A und O des Handwerks, 2007), S.33

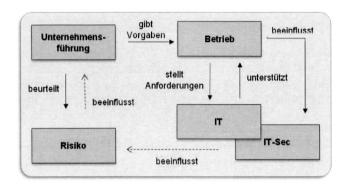

Abbildung 1:   Situationsdarstellung
                Quelle: Eigene Darstellung

Situationsbeschreibung

Gemäss der allgemeinen Wirtschaftslehre strebt die Unternehmensführung auf Basis der strategischen und taktischen Vorgaben eine operative Umsetzung an. Wird die Sicherheit der Informationstechnologie dabei als rein technisches Problem bewertet und folglich nach *unten* in den Fachbereich Sicherheit der Informationstechnologie delegiert, zeigen sich negative Auswirkungen in den Folgeaktivitäten. David Birchall befasst sich in seinem Buch: *Information assurance - Strategic alignment and competitive advantage*[13] mit solchen Auswirkungen. Die Erfahrungswerte des Autors zeigen ein ähnliches Bild, welches folgend mit einer Beschreibung der Verkettung der Aktivitäten sowie möglichen negativen Auswirkungen zusammenfassend aufgezeigt wird.

Die durch die delegierte Stelle ermittelten Sicherheitsrisiken bzw. mögliche Schäden für den Betrieb werden mit entsprechenden Instrumenten/Methoden transparent gemacht und in Bezug zu den Kosten möglicher Handlungsoptionen gestellt. Dabei werden die Methoden und spezifischen Instrumente der Fachbereiche laufend verbessert, immer mit dem Ziel der Unternehmensführung Daten und Informationen liefern zu können, womit diese effizient und nachhaltig ihre Arbeit erbringen kann. Gegenüber der Unternehmensleitung wird folglich aus der Sicht der Sicherheit und der Technik argumentiert. Argumente, mit denen sich die Unternehmensführung wiederum schwer tut, zumal dabei auch unterschiedliche Terminologien benutzt werden. Die benötigte Transparenz fehlt. Die Wichtigkeit einer Investition in die Sicherheit im Bereich der Informationstechnologie kann durch die Unternehmensführung in dieser Situation nicht oder nur ungenügend betrachtet werden. Eine Situation, welche die Unternehmensleitung in eine ungünstige Lage bringt, in der sie mit den nicht abgestimmten und integral funktionierenden Managementkonzepten in eine Zeit blickt, in welcher die Informationstechnologien rasante Entwicklungen durchlaufen. Die Unternehmensführung hat dabei oftmals keine Vorstellung über den aktuellen, integralen Stand der Sicherheit im Bereich der Informationstechnologie.

---

[13] (Birchall, Ezingeard, McFadzean, Howlin, & Yoxall, 2004), S.17-35

Ausgestaltung und Einbindung der Sicherheit in die Methoden der Unternehmensführung

Die Situationsbeschreibung lässt erkennen, dass es sich bei der Ausgestaltung und Einbindung der Sicherheit der Informationstechnologie in die Konzepte der Unternehmensführung somit nicht nur um die Führung der Technologie handelt. Es geht auch um eine Ausrichtung auf gemeinsame Ziele, um den Transfer von Informationsinhalten und das persönliche Verhalten. Informationen müssen so festgelegt werden, dass sie dabei als Steuerungsgrössen genutzt werden können und die Instrumente und Konzepte durch die betroffenen Akteure nicht nur als rein zu befolgende Regelungen verstanden werden.

Schlagzeilen in der öffentlichen Presse und den Medien während der vergangenen Wochen und Monate, wie zum Beispiel über den Diebstahl von Daten, haben aufgezeigt, dass die Situation in Bezug auf die Sicherheit der Informationstechnologie durch die Unternehmungsführung falsch verstanden oder eingeschätzt wurde. Auswirkungen haben sich für die jeweiligen Unternehmungen in unterschiedlichster Form gezeigt. Eine Situation, die zu einem Umdenken veranlassen sollte.

Eine Anpassung und Abstimmung der eingesetzten Managementkonzepte tut not; benötigte Handlungen, mit welchen sich jedoch die Unternehmensführung seit Längerem schwertut. So wurde zu diesem Verhalten der Unternehmensführung bereits im Jahr 2005 in einer Studie von Kaplan und Norton festgestellt, dass z. B. 67 % der Unternehmen mit ihren Führungskräften ihre operativen Strategien nicht mit der Unternehmensstrategie in Einklang bringen.[14] Auch heute ist das Thema der Verbindung der Unternehmensprozesse mit der Informationstechnologie immer noch aktuell und wird in der Fachliteratur unter den Begriffen wie z. B. IT-Business Alignement oder Strategic-Alignement besprochen.

Aus Sicht der Unternehmensführung scheint es also Argumente und Motive zu geben, warum Informationen, welche nach dem aktuellen Wissen und den eingesetzten Managementkonzepten zur Sicherheit der Informationstechnologie nicht genutzt werden können. Der Autor nimmt an, dass ein persönliches Vorgehen der Führungskraft und die Verschiedenheit der praktischen Ausgestaltung der Führungsinstrumente die Informationen wesentlich beeinflussen und so auch deren Nutzen bestimmen.

1.3. Ziele und Abgrenzung

Die geschilderten Sachverhalte wie auch die Problembeschreibung bilden das inhaltliche und zentrale Thema dieses Buchs und sind in der allgemeinen Forschungsfrage wie folgt zusammenfasst.

Können die Informationen zur Sicherheit der Informationstechnologie, welche durch Instrumente und Methoden bereitgestellt werden, durch die Unternehmensleitung in die Führungsstrukturen- und -prozesse eingebunden und genutzt werden?

---

[14] (Norten & Kaplan, 2006)

Anhand der gestellten Forschungsfrage lassen sich folgende Thesen aufstellen:

a) Wenn Managementkonzepte der Unternehmensleitung keine integrale Perspektive in Bezug auf die Sicherheit in der Informationstechnologie aufweisen, dann reduziert sich der Nutzen für die Unternehmensführung.

b) Die integrale Perspektive der Unternehmensführung in ihrer Aufgabe bestimmt die Effektivität der Sicherheit in der Informationstechnologie.

c) Die Risikobetrachtung wirkt als ein verbindendes Element für die effektive Nutzung der Managementkonzepte.

Das erste Ziel der in diesem Buch vorgestellten Untersuchung ist anhand bestehender Literatur die theoretischen Managementkonzepte, Instrumente und Methoden bezüglich der Informationstechnologie und deren Sicherheit als auch deren Einbindung in die Führungsstrukturen- und -prozesse zu untersuchen. Dabei sollen die Zusammenhänge erfasst und analysiert werden. Mit diesen Aktivitäten wird geklärt, was die Literatur zu ausgewählten Themen besagt und wie diese für das Management nutzbar sind.

Weiter soll dieses Buch mittels Analyse der Transformation von Informationen zur Sicherheit mögliche Ursachen und Auswirkungen aufzeigen, mit welchen die Unternehmensführung wie auch die Sicherheitsverantwortlichen in den Fachbereichen während ihrer Aufgaben konfrontiert sind. Es soll, auf einer konzeptionellen Ebene eine strukturierte Sichtweise auf die Abhängigkeit und Interaktion zwischen den wesentlichen Elementen (Risiko, Betrieb, Sicherheit, Governance) darzustellen.

Abgeleitet von den gewonnenen Erkenntnissen sollen Empfehlungen für ein grundsätzliches Konzept beschrieben werden. Bei einer Umsetzung soll dies der Unternehmensleitung ermöglichen, die wesentlichen Bestandteile von Sicherheit im Bereich der Informationstechnologie zu kennen und entsprechende Massnahmen einordnen und beurteilen zu können.

Die Grenzen der Untersuchung beziehen sich auf die oben erwähnen Ziele und die Ausarbeitung von Empfehlungen. Explizit nicht behandelt werden in diesem Buch folgende Punkte:

- Monetäres Bewertungsinstrument für Investitionen im Bereich der Sicherheit
- Bewertung der Methoden und Instrumente
- Gestaltung eines unternehmensübergreifenden Informationssystems

1.4.   Vorgehen und Aufbau

Im ersten Kapitel wird die Forschungsfrage erarbeitet. Dabei werden die Ausgangslage erfasst und die Problematik im Bereich der Informationstechnologie und der Sicherheit wie deren Interaktion mit der Unternehmensführung beschrieben; anschliessend wird die Forschungsfrage formuliert.

Im Kapitel zwei werden die theoretischen Grundlagen über Konzepte des Service-, Risiko- und der Sicherheit im Fachbereich der Informationstechnologie (IT), inhaltlich erarbeitet. Dabei werden nach der Definition wichtiger Begriffe auch deren Bedeutungen in der Unternehmung erklärt. Dies bildet die aktuelle Grundlage für die vorliegende Untersuchung. Auf Basis dieser Ausführungen ist es möglich die weiteren Ausführungen, in diesem Buch, nachvollziehen zu können.

Im Kapitel drei werden das Vorgehen und die Durchführung der Untersuchung beschrieben. Dabei werden auch die Unternehmensleitung und deren Verhaltensweise im Umgang mit der IT-Sicherheit und den Risiken beleuchtet. Insbesondere werden die in Kapitel 1.2 dargestellten Praxisprobleme verdeutlicht.

Das vierte Kapitel enthält eine Zusammenfassung der wesentlichen Erkenntnisse, welche das bestehende Wissen ergänzt und leitet daraus Empfehlungen ab und dient als fundierter Ausgangspunkt für weitere Untersuchungen.

Das fünfte Kapitel enthält eine kritische Würdigung der Untersuchung. Der sechste und abschliessende Teil fasst die Untersuchung zusammen und dient dem Ausblick auf weitere Themenbereiche welche es zu klären und zu untersuchen gilt.

Abbildung 2 verdeutlicht die Struktur mit den Schwerpunkten der jeweiligen Kapitel und die Vorgehensweise. Die Gliederung der Unterkapitel wird jeweils zu Beginn der Kapitel erläutert.

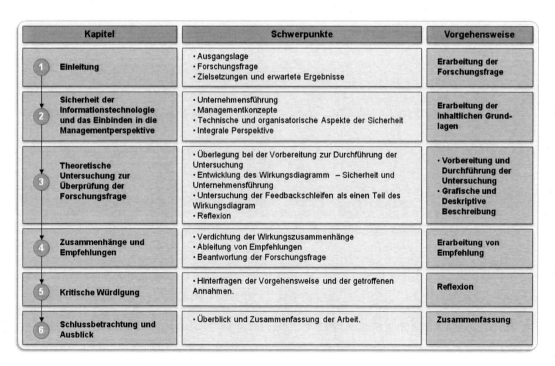

Kapitel	Schwerpunkte	Vorgehensweise
1 Einleitung	• Ausgangslage • Forschungsfrage • Zielsetzungen und erwartete Ergebnisse	Erarbeitung der Forschungsfrage
2 Sicherheit der Informationstechnologie und das Einbinden in die Managementperspektive	• Unternehmensführung • Managementkonzepte • Technische und organisatorische Aspekte der Sicherheit • Integrale Perspektive	Erarbeitung der inhaltlichen Grundlagen
3 Theoretische Untersuchung zur Überprüfung der Forschungsfrage	• Überlegung bei der Vorbereitung zur Durchführung der Untersuchung • Entwicklung des Wirkungsdiagramm – Sicherheit und Unternehmensführung • Untersuchung der Feedbackschleifen als einen Teil des Wirkungsdiagram • Reflexion	• Vorbereitung und Durchführung der Untersuchung • Grafische und Deskriptive Beschreibung
4 Zusammenhänge und Empfehlungen	• Verdichtung der Wirkungszusammenhänge • Ableitung von Empfehlungen • Beantwortung der Forschungsfrage	Erarbeitung von Empfehlung
5 Kritische Würdigung	• Hinterfragen der Vorgehensweise und der getroffenen Annahmen.	Reflexion
6 Schlussbetrachtung und Ausblick	• Überblick und Zusammenfassung der Arbeit.	Zusammenfassung

Abbildung 2:   Aufbau und Struktur der vorliegenden Untersuchung
Quelle: Eigene Darstellung

2. Sicherheit der Informationstechnologie und das Einbinden in die Managementperspektive

Bevor der Themenbereich im dritten Kapitel näher betrachtet und untersucht wird, soll in diesem Kapitel der theoretische Rahmen, beim Einbinden der Sicherheit der Informationstechnologie in die Aktivitäten der Unternehmensführung, aufgezeigt werden. Dabei sollen Begrifflichkeiten zur Thematik der Sicherheit der Informationstechnologie geklärt und in die Perspektive des Managements hineingenommen werden. Die fünf folgenden Unterkapitel befassen sich mit den Grundlagen aus der Literatur zu der Unternehmensführung (Kapitel 2.1), den Managementkonzepten (Kapitel 2.2), den technischen und organisatorischen Aspekten der Sicherheit (Kapitel 2.3) und der integralen Perspektive auf das Unternehmen als vernetztes System (Kapitel 2.4). Anschliessend folgt ein erstes Fazit (Kapitel 2.5).

In den Themenfeldern der Informationstechnologie, der Sicherheit wie auch in Bereichen der Unternehmensführung wird in der täglichen Praxis wie aber auch in der Theorie eine Vielzahl von Begriffen verwendet. In den einzelnen Themenfeldern sind verschiedene Definitionen anzutreffen und die Begriffe sind trotz ihrer häufigen Verwendung zweifelhafter denn je. Es besteht kein einheitlicher oder allgemeingültiger und akzeptierter Sprachgebrauch. In der gelebten Praxis stellt der Autor fest, dass Begriffe auch als sinnverwandte Worte verwendet werden. Die Vermutung des Autors ist naheliegend, dass durch die Themenbereiche mit ihren Interessenvertretern wie zum Beispiel Organisationen oder Buchautoren versucht wird, sich durch das Kreieren eigener und neuer Begriffe zu profilieren. Für ein gemeinsames Verständnis ist dies jedoch problematisch und verhindert eine gemeinsame Sichtweise auf die jeweiligen Themenbereiche und die darin genutzten Begriffe.

Der Autor hält sich bezüglich der Managementlehre in diesem Buch im Wesentlichen an die Begriffswelt von Fredmund Malik. Für die Terminologie bei der Sicherheit und dem Risiko in der Informationstechnologie orientiert sich der Autor an den internationalen ISO/IEC-Normreihen.

- Unternehmen

Die Begriffe *Unternehmen* und *Organisation* werden ungeachtet der Verwendung der Art und Rechtsform gleichbedeutend genutzt.

- Management

    Der Begriff *Management* wird gleichbedeutend mit *Führung* gesetzt und als sinnverwandtes Wort verwendet. Das Wort Führung ist die deutsche Übersetzung für Management. Der Begriff *Management* wird unterschiedlich ausgelegt, in der funktionalen Dimension, in der das Management durch eine Person ausgeführt wird, und einer Institution z. B. in Form der Geschäftsführung oder des Vorstandes einer Gesellschaft.

Der Begriff Managementkonzept wird in diesem Buch gleichbedeutend mit Managementinstrument und Managementmethode verwendet.[15]

- Informationstechnologie

  Informationstechnik bezeichnet und fasst die Begriffe der Informations- und Datenverarbeitung und die dafür beanspruchten Programme und die physischen Informatikbestandteile zusammen. Der teils gleichbedeutend verwendete Begriff *Informationstechnologie* kommt aus dem Englischen und ist eine Übersetzung des englischen Begriffes *information technology*, der die mit diesem Gebiet verbundene Technik und Technologie bezeichnet.[16] In diesem Buch wird der Begriff der Informationstechnik gleichbedeutend mit der Informationstechnologie, der Informations- und Kommunikationstechnik oder auch mit der Informations- und Telekom

2.1.   Unternehmensführung

Unter der Bezeichnung *Unternehmensführung* wird im Generellen eine Sammlung von Führungsaufgaben verstanden, welche auf allen Führungsebenen innerhalb eines Unternehmens entstehen und ausgeführt werden. In der Betriebswirtschaftslehre wir die Unternehmensführung unter zwei Aspekten betrachtet: zum einen der Mensch als Mitarbeitender der ein Unternehmen leitet, zum anderen die Tätigkeiten und die Prozesse des Führens eines Unternehmens.[17]

Fragt man eine Führungskraft welche grundlegenden Arbeiten sie ausführt, dann wird sie als Antwort höchstwahrscheinlich in etwa sinngemäss die oben bereits erwähnten Aufgaben und Tätigkeiten angeben. Die Unternehmungsführung plant, organisiert, koordiniert und kontrolliert. Diese grundlegenden Tätigkeiten wurden bereits im Jahr 1916 durch den französischen Industriellen Henri Fayol eingeführt. Diese sagen jedoch über die eigentlichen Tätigkeiten einer Führungskraft bzw. eines Managers wenig aus.[18] Eine zentrale Aufgabe der Unternehmensführung ist sicherlich jedoch Entscheidungen herbeizuführen und diese auszusprechen respektive diese festzulegen. Eine anspruchsvolle Aufgabe, welche in der Praxis auf unterschiedliche Weise gelebt und durch die Unternehmensführung ausgelegt wird. Eine Auslegung, welche sich auch in der Qualität der Entscheidungen niederschlägt. Henry Mintzberg untersuchte diese Qualität wie auch weitere Kriterien bei Führungspositionen in unterschiedlichen Ebenen. Dabei kommt er zum Schluss, dass Führungskräfte zu oft ad hoc entscheiden, sich in operativen Einzelaufgaben verzetteln, ihr Herrschaftswissen horten und Probleme mit dem Delegieren haben. Mintzberg ist der Auffassung, dass Management weder Wissenschaft noch Beruf sei, sondern eine Tätigkeit, welche sich in der täglichen Praxis abspielt und auf Erfahrungswerten in den Verbindungen zwischen

---

[15] (Malik, Management: Das A und O des Handwerks, 2007), S.15

[16] (Wikimedia Foundation Inc., 2011)

[17] (Malik, Management: Das A und O des Handwerks, 2007), S.16.

[18] (Mintzberg, 2010), S.16.

Kunst, Wissenschaft und Handwerk beruht[19]. Die angesprochene Problematik wird in anderen Managementkonzepten anders strukturiert. So ist Fredmund Malik etwas anderer Meinung. Das Managen kann strikt auf das Handwerk reduziert wie folgt definiert werden: „Management ist die Transformation von Ressourcen in Nutzen."[20]

Der Autor stellte in seinen Recherchen fest, dass in der aktuellen Literatur keine Einigkeit darüber besteht, was eine Führungsposition beinhaltet. Dabei folgt die Unternehmensführung in ihrer praktischen Verrichtung des Führens nicht eindeutig festgelegten, vorgegebenen und allgemeingültigen Gesetzen, die in Methoden und Instrumenten verankert sind und damit angemessen umgesetzt werden können. Mehrheitlich wird unter Führung eine individuelle und durch das Unternehmen gelebte Praxis verstanden. Diese richtet sich nach den persönlichen und den bevorzugten Aspekten der Menschen richtet, welche *Führung* betreiben.[21]

2.2. Managementkonzepte

Nachdem im vorhergehenden Kapitel unterschiedliche Perspektiven zum Begriff Unternehmensführung aufgezeigt wurden, soll folgend auf die Möglichkeiten eingegangen werden, wie das Ziel eines angemessen Niveaus der Sicherheit in Unternehmen zu erreichen ist und welche Managementkonzepte dabei unterstützend eingesetzt werden können.

Zur Unterstützung und verbesserten Bewältigung von Managementaufgaben sind eine Vielzahl von Modellen, Konzepten, Ansätzen etc. entstanden, welche massgeblich durch akademische Einrichtungen, Unternehmensberater oder Unternehmen getrieben werden. Dabei wird auch der Begriff Managementkonzept genutzt, auch wenn dieser in der Literatur nicht genau und einheitlich definiert ist. Dadurch wird dieser, wie durch den Autor in der Praxis festgestellt wird, unterschiedlich verwendet und es besteht durch die unterschiedliche Auslegung des Begriffes häufig keine klare Trennung zu ähnlichen Begriffen mit anderer Bedeutung. So werden z. B. Managementmethoden, Managementmodelle oder Managementinstrumente unterschiedlich angewendet.[22] In ihrer Entstehung sind die Managementkonzepte stark durch die Erfahrungswerte und Annahmen durch die Beobachtungen ihrer Erfinder geprägt. Dabei kann eine wissenschaftliche Bearbeitung des Themas meist nicht nachgewiesen werden.[23]

Die folgende Definition wurde von Hofmann im Jahr 2002 vorgelegt: „Ein Konzept lässt sich auffassen als meist induktiv gewonnene, systematische Interpretation von Erfahrungen mitunter verbunden mit einem Handlungswissen, das häufig unter einem generalisierten Begriff zusammengefasst wird. Managementkonzepte umfassen sowohl strukturelle Elemente als auch Managementpraktiken."[24] Abgestützt auf diese

---

[19] Vgl. ebd., S.23-27.

[20] Malik Fredmund 2007, S.33.

[21] (Resch, Dey, Kluge, & Steaert, 2005).

[22] (Süss, Die Institutionalisierung von Managementkonzepten. Eine strukturationstheoretisch-mikropolitische Perspektive, 2009)

[23] (Süss, Managementkonzept, 2009)

[24] Hofmann Erik 2002, S.3-38.

Definition wird in diesem Buch ein Managementkonzept als eine in der Praxis be-
währte Vorgehensweise zur Unterstützung der Informationstechnologie und deren Sicherheit betrachtet. Dabei wird der Begriff Managementkonzept als sinnverwandtes
Wort für Managementmodell, Managementinstrument und Managementsystem verwendet. Versucht man die unterschiedlichen Arten der Managementkonzepte zu struk-
turieren, so lassen sich diese in drei Hauptgruppen einteilen, welche gleichzeitig einen
kontinuierlichen Managementprozess darstellen. Die Hauptgruppen sind: [25]

- strategisches Gestalten,
- Steuerung und Kommunikation
- Analyse und Synthese.

Dabei lassen sich die Hauptgruppen weiter unterteilen, wie in der folgenden Abbildung
visualisiert:

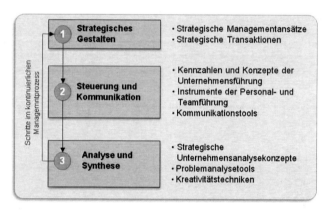

Abbildung 3:   Managementkonzepte im kontinuierlichen Managementprozess
Quelle: Eigene Aufbereitung in Anlehnung an: (Schawel & Billing,
2011)S.14

In der folgenden Abbildung werden die gängigen Konzepte im Themenbereich der
Informationstechnologie und deren Sicherheit in Bezug auf ihre Unterstützungstiefe
und Anwendungsbreite dargestellt.[26]

---

[25] (Schawel & Billing, 2011), S.14
[26] (König, 2006), S.141

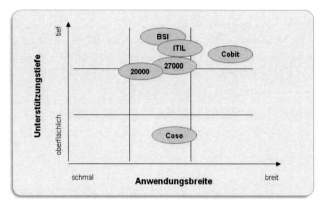

Abbildung 4:   Einordnung der Management- Sicherheitskonzepte
                Quelle: Eigene Aufbereitung in Anlehnung an: (König, 2006), S.141

Eines der zentralen Anliegen an Managementkonzepte, somit auch für die Konzepte für Informationstechnologie und deren Sicherheit, ist die Skalierbarkeit auf Geschäftsprozesse und Umwelteinflüsse der jeweiligen Unternehmen. Aufgrund deren Vielzahl wird folgend nur auf die im Rahmen der IT-Sicherheit und der Unternehmensführung relevanten eingegangen. Dies sind Managementkonzepte wie: COBIT, ISO 27001,ISO 31000, ITIL und COSO, die eine Auswahl an Managementkonzepten darstellen, welche die Unternehmensführung bei der Einführung, Verbesserung und Überwachung von Informationstechnologien unterstützen. Bei dieser Auswahl an Managementkonzepten orientierte sich der Autor am Bekanntheitsgrad und deren Relevanz für Unternehmen. Bei der Beurteilung der Relevanz orientierte sich der Autor an den grundlegenden Zielen beim Einsatz von IT-Sicherheits-Managementkonzepten; adäquates Sicherheitsniveau, Kostentransparenz und der strategische Bezug.

2.2.1.   Corporate Governance/COSO

Der Begriff Corporate Governance wird aus verschiedenen Aspekten heraus genutzt und auch definiert. In der Literatur finden sich hauptsächlich ökonomische und rechtswissenschaftliche Beiträge und anhand deren unterschiedlicher Zielsetzungen diese jeweils auch unterschiedliche Begriffsdefinitionen und Abgrenzungen beinhalten. Weiterhin ist anzumerken, dass im deutschen Sprachraum keine einheitliche Übersetzung verwendet wird. Häufig wird der Ausdruck mit den Begriffen Unternehmensleitung und -kontrolle sowie Unternehmensführung übersetzt.[27] Die Beschreibung umreist auch im Wesentlichen deren Inhalt. So sind die Aktivitäten im Rahmen der Corporate Governance im Wesentlichen verantwortlich und Voraussetzung für die wirtschaftliche Effizienz, die Glaubwürdigkeit und die Verlässlichkeit in das Unternehmen. In der Corporate Governance wird die Abhängigkeit wie das Geflecht der Beziehungen zwischen der Unternehmensführung und dem Unternehmen, den Anlegern, dem Aufsichtsorgan und weiteren Beteiligten festgelegt. Dabei werden auch die Ziele, deren Umsetzung wie die Modalitäten der Erfolgskontrolle festgelegt. Der Inhalt der Corporate Gover-

---

[27] (Zöllner & Bassen, 2007), S.8-12

nance wie deren Umsetzung spielt jedoch auch im Bereich der internen Abläufe einer Unternehmung eine wichtige Rolle. Im Rahmen der Corporate Governance werden die strategische Analyse und die Prognose für das Unternehmen erstellt. Dabei orientiert sich die strategische Analyse einerseits an der Vergangenheit wie auch an der Gegenwart. Die strategische Prognose stellt den Zukunftsbezug in qualitativer wie quantitativer Weise her, wobei die technologische Entwicklung eine qualitative Grösse darstellt.

Die eingesetzte Technologie, somit auch die Informationstechnologie und deren Sicherheit, stellt für ein Unternehmen eine Ressource dar. Weitere Ressouren sind z. B. Kernkompetenzen oder auch Fähigkeiten. Interne Ressourcen müssen mit Blick auf die externen Chancen am Markt in Form einer Strategie ausgewogen kombiniert werden.[28] Bei der Implementierung der Strategie müssen durch die Unternehmensführung verschiedene Aspekte berücksichtigt und bei deren Gestaltung eine Strategieorientierung sichergestellt werden. Dies sind:

- Organisationsstruktur (Fähigkeiten, Ressourcen, Entscheidungskompetenzen)
- Kostenplanung und Ressourcenallokation
- Vorgaben, Anweisungen und deren Etablierung
- Kontinuierlicher Veränderungsprozess
- Kommunikations- und Informationssysteme
- Anreizsysteme
- Arbeitsumgebung und Organisationskultur
- Führungskompetenz

Committee of Sponsoring Organizations of the Treadway Commission (COSO)

1992 veröffentlichte das *Committee of Sponsoring Organization of the Treadway Commission* ein Managementkonzept, das Unternehmen bei der Beurteilung und Verbesserung interner Überwachungssysteme unterstützt. Das COSO-Managementkonzept wird mehr und mehr zu einem allgemein gültigen Standard welcher beim Aufbau eines internen Kontrollsystems genutzt wird. Vor acht Jahren, im Jahr 2004, wurde eine ergänzende Erweiterung des ursprünglichen Modells, das COSO ERM - *Enterprise Risk Management Framework* veröffentlicht. Dabei wurden zusätzliche Elemente eingebracht:[29]

- Internes Kontrollumfeld
- Überwachungsfunktion
- Risikoreaktion

---

[28] (Kaplan & Norton, 2009), S.52
[29] (Brünger, 2009), S.17-22

- Zielsetzung
- Ereignisidentifikation
- Information und Kommunikation
- Risikobeurteilung
- Kontrollaktivitäten

Das Managementkonzept COSO ist nicht speziell für die Informationstechnologie ausgerichtet und es werden auch keine Vorgaben zur Überprüfung der Informationstechnologie gemacht. Hierfür kann die Unternehmensführung das Managementkonzept COBIT verwenden, in welchem die Leitgedanken des COSO-Kontrollkonzeptes eingeflossen sind.

2.2.2. IT-Governance/COBIT

Der Begriff IT-Governance ist zu einem Schlagwort geworden; IT-Governance spielt eine wesentliche und aktuelle Rolle und hat als Instrument zur verbesserten Positionierung der Informationstechnologie eine zentrale Bedeutung.[30] Unter der IT-Governance werden grundsätzliche Abläufe, Prozesse und Massnahmen zusammengefasst, die sicherstellen, dass mithilfe der eingesetzten Informationstechnologie die Unternehmensziele abgedeckt, benötigte Mittel verantwortungsvoll eingesetzt und dabei die Risiken angemessen überwacht werden. Mit der IT-Governance werden somit die wesentlichen Grundsätze und Anforderungen der Corporate Governance, auf den Fachbereich der Informationstechnologie angewendet.[31] Dabei liegt die Verantwortung für die Festlegung der Vorgaben und Prozesse beim CIO (Chief Information Officer) respektive im Fachbereich der Informationstechnologie.[32] IT-Governance als Themengebiet wird aktuell in ganz unterschiedlichen Themenzusammenhängen in Verbindung gebracht. Eine naheliegende Begründung scheint, dass der Begriff IT-Governance von einer Vielzahl von Parteien genutzt und belegt wird, die sich mit den unterschiedlichsten Aspekten von Informationstechnologien in Unternehmen, wie z. B. Corporate Governance, Geschäftsorientierung der Informationstechnologie und Compliance befassen.[33] Es existieren verschiedene Auffassungen des Begriffs IT-Governance und er wird in der wissenschaftlichen Diskussion unterschiedlich definiert.[34] Die *Information Systems Audit and Control Association* (ISACA) definiert Governance als "The oversight, direction and high-level monitoring and control of an enterprise to ensure the achievement of defined and approved objectives".[35] Die IT-Governance zielt demnach auf die Klärung von Rechten und Verantwortlichkeiten ab, also auf die Schaffung von

---

[30] (Fröhlich & Kurt, IT-Governance: Leitfaden für eine praxisgerechte Implementierung, 2007), S.17-22

[31] (Rüter, Schröder, Göldner, & Niebuhr, 2010), S.20

[32] (Fröhlich & Kurt, IT-Governance: Leitfaden für eine praxisgerechte Implementierung, 2007), S.55-60

[33] (Fröhlich, Glasner, Goeken, & Johannsen, 2007)

[34] (Meyer, Zarnekow, & Kolbe, 2003)

[35] Information Systems Audit and Control Association (ISACA) 2012, Glossary of Terms - English-German.

allgemeinen Rahmenbedingungen und Strukturen, mit welchen die Informationstechnologie aus Sicht der Unternehmensführung geführt werden soll.[36]

Control Objectives for Information and Related Technology (COBIT)

COBIT wurde erstmals 1996 veröffentlicht und durch das *IT Governance Institute* (ITGI) entwickelt. Erstmals in der Version 3 wurde der Aspekt der Unternehmensführung in das Regelwerk eingebunden. Weiter ausgebaut in der Version 4 wurde es auch nutzbar, um sich bei der Erstellung der Governance daran orientieren zu können. Im April 2012 wurde COBIT in der Version 5 durch die ISACA veröffentlicht. COBIT ist in dieser aktuellen Version ein prozessorientiertes Managementkonzept für die Lenkung von IT-Prozessen, bei welchem die gesamte Unternehmung betrachtet wird. Somit erklärt sich vermutlich auch der verwendete Begriff *Governance of Enterprise IT* (GEIT). Beim Managementkonzept COBIT werden die Unternehmensziele mit den Zielen der Informationstechnologie direkt verknüpft, wobei die Ziele der Unternehmung in COBIT den vier Themenbereichen der *Balanced Scorecard*[37] zugewiesen sind. Die konsequente Ausrichtung der Mittel für die Informationstechnologie eines Unternehmens an den Zielen der Unternehmung ist das Hauptziel von COBIT. Das Managementkonzept COBIT wendet sich nicht nur an die Benutzer oder die Prüfstelle (Auditoren), sondern kann zugleich als umfassende Anleitung für die Unternehmensführung und die Leiter der Fachbereiche genutzt werden.[38] Den Zielen des Fachbereiches Informationstechnologie werden Prozesse aus 37 definierten IT-Prozessen zugeteilt, dabei liefert COBIT Hilfestellungen in Form von Modellen und Messstrukturen. Somit legt COBIT einen Rahmen vor, der es dem Fachbereich der Informationstechnologie ermöglicht Ziele, Handlungsoptionen mit Umsetzungsprojekten und Messwerte, aus den Zielen der Unternehmung abzuleiten. So sind auch Prozesse vorgesehen welche den Aspekt der Sicherheit abdecken um damit die erwarteten Ergebnisse, welche mit *IT-related Goals* bezeichnet werden, zu erreichen. Um den durch das Managementkonzept COBIT ermöglichten Gesamtüberblick zu konkretisieren ist in der Praxis häufig der Standard ISO/IRC 2700x anzutreffen. Er ermöglicht eine Anbindung an COBIT, da eine Vielzahl von Sicherheitsanforderungen von COBIT dadurch abgedeckt werden.

2.2.3. Informationssicherheit / ISO/IEC 2700x

Die ISO/IEC 27001 und ISO/IEC 27002 sind internationale Standards zur Einführung der Sicherheit bei der Informationstechnologie, welche für unterschiedliche Arten von Unternehmen, wie z. B. kommerzielle Unternehmen oder gemeinnützige Organisationen, bedeutend sind.[39] Der ISO/IEC-Standard 27001 ist ein Standard, welcher es

---

[36] (Fröhlich & Kurt, IT-Governance: Leitfaden für eine praxisgerechte Implementierung, 2007), S.63

[37] Der Begriff Balanced Scorecard (BSC) bezeichnet ein Managementkonzept, bei welchem die relevanten Interessengruppen wie z.B. Kunde, Mitarbeiter, mit ihren Perspektiven auf einer *Scorcard* erfasst werden und ausgewogen *balanced* betrachtet werden. Dabei wird das zentrale Leitziel der Unternehmung auf Sub-Ziele herunter gebrochen und mit Kennzahlen als Messgrössen versehen.

[38] (Rolling, 2003)

[39] (ISO/IEC, 2005)

ermöglicht eine Zertifizierung zu erlangen. Inhaltlich fasst er allgemeine Empfehlungen zum Management der Informationssicherheit zusammen. Standard ISO/IEC 27002, welcher auf dem Standard ISO 17799 und auf dem British Standard BS 7799 basiert, bietet eine allgemeingültige Grundlage in Form eines Rahmenwerkes, auf der Massnahmen und Leistungen vergleichbar sind. Dabei werden die Aktivitäten/Prozesse beschrieben, denen es bei einem funktionierenden Sicherheitsmanagement bedarf.[40] Der Standard bezweckt, den Unternehmen ein Set von Massnahmen zur Erreichung der Informationssicherheit bereitzustellen. Bei der inhaltlichen Betrachtung des Standards ist der von ITIL verfolgte Ansatz zu erkennen. Er unterscheidet sich jedoch von diesem durch die klare Ausrichtung auf den Themenbereich der Sicherheit und eine geringere Detaillierung.

In folgender Abbildung wird ein knapper inhaltlicher Überblick der relevanten ISO/IEC-Standards mit einem Sicherheitsbezug gegeben, ohne dabei die einzelnen Standards weiter in diesem Buch zu differenzieren. Durch den unterschiedlichen und weitreichenden Bezug der Sicherheit der Informationstechnologie ist die Auflistung nicht abschliessend.

ISO/IEC Standard	Schwerpunkte
ISO/IEC 13335-1:2004	Information technology -- Security techniques -- Management of information and communications technology security -- Part 1: Concepts and models for information and communications technology security management
ISO/IEC 17799:2005	Information technology -- Security techniques -- Code of practice for information security management
ISO/IEC 27000-series (ISO/IEC 27002 (formerly ISO/IEC 17799)	The series provides best practice recommendations on information security management, risks and controls within the context of an overall Information Security Management System (ISMS), similar in design to management systems for quality assurance (the ISO 9000 series) and environmental protection (the ISO 14000 series).
ISO/IEC 27033-1:2009 (formerly ISO/IEC 18028)	Information technology -- Security techniques -- Network security -- Part 1: Overview and concepts
ISO/IEC 20000-1:2005	Information technology -- Service management -- Part 1: Specification
ISO/IEC 38500:2008	Corporate governance of information technology
ISO/IEC 24762:2008	Information technology -- Security techniques -- Guidelines for information and communications technology disaster recovery services
ISO 28001:2007	Security management systems for the supply chain -- Best practices for implementing supply chain security, assessments and plans -- Requirements and guidance
ISO/IEC 19790:2006	Information technology -- Security techniques -- Security requirements for cryptographic modules
ISO 31000:2009	Risk management -- Principles and guidelines

Abbildung 5: Auszug der ISO/IEC-Normen mit Bezug zur IT-Sicherheit
Quelle: Eigene Darstellung

---

[40] (Kersten & Klett, 2008), S.6

2.2.4.   IT-Service Management / ITIL

Wenn es um das Thema der Führbarkeit der Informationstechnologie geht, wird in Zu-sammenhang mit der IT-Governance auch häufig der Begriff *ITIL* (IT Infrastructure Library) als relevantes Modell genannt. ITIL beinhaltet *Best Practice*-Leitfäden, die von der *Central Computer and Telecommunications Agency* (CCTA), heute *Office of Go-vernment Commerce* (OGC), als Studie erfasst wurden. Mitte 2007 wurde dieser Prozess Standard für das IT-Service-Management ITIL in der Version 3 veröffent-licht.[41] Auch die ISO/IEC erkannte die Wichtigkeit des IT-Service Managements und publizierte dazu die internationalen Standards ISO / IEC 20000-1:2011[42] und ISO/IEC 20000-2:2012.[43]

Der Einsatz von ITIL in Unternehmen hat sich in den letzten Jahren stetig gesteigert. So wird gemäss einer Studie der Hochschule Luzern ITIL vermehrt und vor allem bei mittleren und grösseren Unternehmen eingesetzt.[44] Die starke Verbreitung kann darauf zurückgeführt werden, dass die operative Bedeutung der Prozessempfehlungen bei kleineren wie bei grösseren Unternehmen gleich ist. Für alle Unternehmen ist die Stei-gerung der Effizienz, eine strukturierte Bearbeitung von Störungen oder eine definierte Genehmigung schlussendlich von gleicher Bedeutung.

Bei der Umsetzung und Gestaltung der Prozessempfehlungen in spezifische Prozesse der jeweiligen Unternehmungen ist eine abgestimmte Servicestrategie zwingend nötig. Dies, um bei der Erstellung von IT-Services eine hohe Qualität erreichen zu können. Mit den Prozessen wird das Fundament für ein nachvollziehbares und effizientes Ser-vice Management gelegt und sichert den Organisationsbereichen der Unternehmen den grösstmöglichen Nutzen. Generell ist dabei zu beachten, dass die Unternehmens-führung auf die strategische Einordnung von IT-Services und auf die engere Ver-zahnung zwischen der Teilstrategie der Informationstechnologie und der Unterneh-mensstrategie achtet.[45]

Als weiteren wesentlichen Aspekt ist zu berücksichtigen, dass die Fachbereiche der Informationstechnologie ihr Fachwissen nur dann nutzbringend für die gesamte Unter-nehmung einsetzen können, wenn sie die Bedürfnisse und Erwartungen der einzelnen Organisationsbereiche und deren Leistungserstellung verstehen und ihre IT-Services entsprechend darauf ausrichten. Dabei wird eine angemessene Flexibilität und Wirt-schaftlichkeit in der Bereitstellung der IT-Services verlangt. Mit den ITIL-Prozessen soll der Bedarf an Informationstechnologie dabei standardisiert und einer kontinuierli-chen Qualitäts- und Effizienzsteigerung unterzogen werden. Gleichzeitig sollen spezi-fische Anforderungen an die Unterstützung durch die Informationstechnologie in einer frühen Phase erkannt und flexibel bedient werden.[46]

---

[41] (Böttcher, 2008), S.1

[42] (ISO/IEC, 2011)

[43] (ISO/IEC, 2012)

[44] (Vogel & Schmid, 2012)

[45] (Böttcher, 2008), S.13

[46] (Office of Government Commerce (OGC), 2007), S.3

2.2.5. IT-Risikomanagement / ISO/IEC 31000

Jede Tätigkeit innerhalb von Unternehmungen birgt Chancen jedoch auch gleichzeitig Risiken. Zwischen Risiko und der Wahrnehmung der Menschen besteht eine Verbindung. Ein Aspekt welcher auch durch die ISO/IEC 31000:2009 in der Vergangenheit stark weiter entwickelt wurde. Dabei wird der klassische Risikomanagementprozess erweitert und durch die Prozesse *Communicate and Consult* und *Monitor and Review* ergänzt.

Dass die Sicherheitsziele nicht ohne Weiteres erreicht werden können, liegt darin, dass für die Werte der Unternehmungen Risiken bestehen. Die hohe Abhängigkeit der Geschäftsprozesse von der Informationstechnologie bringt auch Risiken mit sich. Gemäss einer branchenübergreifenden Untersuchung gehen 50 % der befragten Unternehmen davon aus, dass ein ungeplanter Ausfall der Informationstechnologie über den Zeitraum von 24 Stunden die Existenz des gesamten Unternehmens gefährdet.[47] Es ist daher naheliegend, dass Risiken für ein Unternehmen, welche sich aus der Nutzung von Informationstechnologie ergeben, als Unternehmensrisiken zu betrachten sind. Symantec fasst diese Risiken, welche es zu beachten gilt, in folgenden Kategorien zusammen:[48]

- Availiability (Nichtverfügbarkeit von Informationen),
- Security (unerlaubter Zugriff, Manipulation),
- Performance (unzureichende Leistung),
- Compliance (mangelnde Konformität) Kategorien.

Die Risiken der Informationstechnologie und deren Sicherheit werden in Managementkonzepten wie z. B. ISO/IEC-Normen oder COBIT in unterschiedlichen Ansätzen und unterschiedlich vollständig angegangen. Gemeinsam ist ihnen, dass die Risiken identifiziert, analysiert, gesteuert und überwacht werden, dies immer mit dem Ziel die Kosten für die Sicherheit nachvollziehbar und als einen Teil der finanziellen Ressourcen der Informationstechnologie den Risiken gegenüberzustellen. Den für einen unnötigen Schutz der Informationstechnologie sind in der Regel keine finanziellen Ressourcen vorhanden.

Je nach Unternehmenswert[49] (engl. asset) gilt es eine Beurteilung mit einer Abschätzung bezüglich der Eintrittswahrscheinlichkeit und einem vorstellbaren Schaden zu treffen. Der Standard IEC/ISO 31000:2009 beschreibt die Ansprüche welche an das Vorgehen bei der Risikobeurteilung sowie deren Einbettung in ein Risikomanagementsystem gestellt werden und erläutert den Prozess der Beurteilung der Risiken mit den entsprechenden Tätigkeiten der Identifikation, der Analyse sowie der Abschätzung und Gewichtung von Risiken. Dieser Umgang mit Risiken wird als Risikomanagement be-

---

[47] (Economist Intelligence Unit , 2008)

[48] (Symantec Corporation, 2007)

[49] Im Standard ISO/IEC 27001 findet sich eine Definition des Begriffs *Wert* im Sinne von allem, was einen Wert für ein Unternehmen, bei der Leistungserstellung, hat.

zeichnet und beinhaltet typischerweise eine Risikobeurteilung, Risikobehandlung, Risikoakzeptanz und Risikomitteilung.[50]

2.3. Technische und organisatorische Aspekte der Sicherheit

In diesem Kapitel wird näher auf die Abgrenzung und organisatorischen Aspekte der Sicherheit eingegangen, wobei die einzelnen Aspekte zusammenfassend beschrieben werden. Ein weiterer Punkt dieses Kapitels ist die Klärung der Begrifflichkeiten in Bezug auf Risiken.

2.3.1. Abgrenzung der Sicherheit

Grundsätzlich entsteht *Sicherheit* nicht von selbst, sondern muss durch entsprechende Massnahmen erarbeitet werden. Der dadurch veränderte Zustand wird als eine verbesserte oder gesteigerte Sicherheit wahrgenommen. Würde ein Unternehmen jedoch keine entsprechenden Massnahmen einleiten, so würde sich das Unternehmen in einem ungünstigen Zustand befinden welcher durch Unsicherheiten geprägt wäre. Allerdings ist eine absolute Sicherheit nicht erreichbar und das Niveau wird durch den jeweiligen Betrachter immer subjektiv beurteilt.

In fachspezifischen Veröffentlichungen zum Thema Sicherheit wird der Sicherheitsbegriff in drei Ausprägungen behandelt: Safety, Security und Reliability.[51]

- Safety
  Safety wird im Rahmen der Arbeitssicherheit verwendet und bezeichnet die Massnahmen, welche Unfälle von im Unternehmen Beschäftigten verhindern helfen sollen. Dabei soll menschliche Unzulänglichkeiten wie zum Beispiel berufliche Unerfahrenheit oder auch Mängeln der benutzten Infrastruktur entgegengewirkt werden.

- Security
  Mit Security werden die vorbeugenden Massnahmen bezeichnet, welche sich gegen kriminelle Verhaltensweisen, Angriffe von Personen auf Unternehmen und ihre Einrichtungen richten.

- Reliability
  Reliability steht für die Fähigkeit eines Systems, die Performance einer erforderlichen Funktion bei gleichbleibenden Bedingungen zu gewährleisten.

Die folgende Abbildung 6 zeigt den Begriff der Sicherheit und deren Ausprägung. Die Informationssicherheit umfasst neben der Sicherheit der Informationstechnologie und

---

[50] (ISO/IEC, 2002)
[51] (Kornschnabel, 2008), S.29

der darin gespeicherten Daten auch die Sicherheit von nicht elektronisch verarbeiteten Informationen. Unter Daten werden in erkennungsfähiger Form dargestellte Elemente einer Information, die in Systemen verarbeitet werden können, verstanden. Werden Daten durch den Empfänger in einen Kontext gebracht, so spricht man von Informationen.[52]

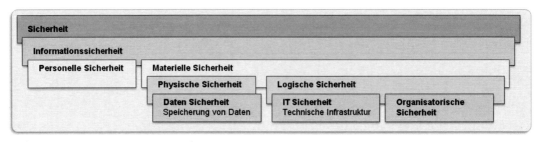

Abbildung 6: Inhalt der Sicherheit
Quelle: in Anlehnung an: (Pohl, 2004)

Abgrenzung der Sicherheit zwischen Informationstechnologie und Information

Anwendungen oder Systeme der Informationstechnologie beinhalten neben technischen auch organisatorische sowie operative Aspekte. Bei einer umfassenden Managementperspektive gilt es diese zu berücksichtigen, wobei damit die Bezeichnung der Sicherheit der Informationstechnologie zu kurz greifen würde.[53] Im Vergleich ist der Begriff der Informationssicherheit weiter gefasst und enthält somit mehr als den Begriff Sicherheit der Informationstechnologie.

Eine Abgrenzung, welche sich anhand eines Beispiels anschaulich erklären lässt. So können zwar vollkommene IT-Sicherheitsmassnahmen durch Unternehmen eingerichtet worden sein, aber nur eine böswillige oder fehlerhafte Handlung beispielsweise durch einen IT-Fachspezialisten kann das gesamte IT-System ausser Betrieb setzen. Dies hat in erster Linie nichts mit der Informationstechnologie zu tun, sondern mit Menschen und den genutzten Prozessen. Die Informationssicherheit greift weiter, weil Informationssicherheit immer auch physische Sicherheit, Personalmanagement, Rechtsschutz, Organisation, Prozesse usw. beinhaltet. Der Zweck der Informationssicherheit besteht darin, ein System aufzubauen, das sämtliche mögliche Risiken für die Informationssicherheit (IT-bezogen oder nicht IT-bezogen) berücksichtigt und umfassende Massnahmen umsetzt, um alle Arten unzulässiger Risiken zu reduzieren.[54]

Die unbefriedigende Situation bei der Nutzung und der ungenauen Abgrenzung der Begriffe wird jedoch mit der wachsenden Zahl von ISO-Standards (siehe Kap. 2.2.3), welche sich mit der Sicherheit und der Informationstechnologie beschäftigen, laufend verbessert. Dabei wird bei der Klärung der Begriffe berücksichtigt, dass die Sicherheit

---

[52] (Davenport & Prusak, 1998), S.4

[53] (König, 2006), S.105

[54] (Pohl, 2004; Seeger, 2005)

kein statischer Zustand, sondern ein kontinuierlicher Prozess ist und getroffene Massnahmen zur Sicherung der Informationstechnologie stets auf die Prozesse der jeweiligen Unternehmung abzustimmen sind.[55]

In diesem Buch soll folglich der Begriff der Informationssicherheit benutzt werden, da eine Abgrenzung der Sicherheit zu Informationen der Informationstechnik, der Kommunikationstechnik oder physischen Medien (Papier) nicht mehr zeitgemäss ist.

Die Definition des Best Practice-Standards ISO/IEC 17799-2005 bzw. dessen Nachfolgewerke ISO/IEC 27001/2 berücksichtigen, dass die Informationssicherheit als kontinuierliches Ziel zu betrachten ist. Dabei wird die Informationssicherheit wie folgt definiert: „Wahrung der Vertraulichkeit, Integrität und Verfügbarkeit von Informationen; zusätzlich können weitere Eigenschaften wie Authentizität, Verantwortlichkeit, und Verlässlichkeit involviert sein".[56]

Ziel der Sicherheit

Abgeleitet von den Anforderungen an einen Betrieb der Informationstechnologie und den dabei benötigten Zugriffen auf Systeme und Applikationen lassen sich sogenannte Sicherheitsziele definieren. Die Ziele der Sicherheit beziehen sich dabei auf unterschiedliche Arten von Daten und Zuständen der Informationstechnologie, welche es gilt abzusichern. Die Ziele der Sicherheit machen damit einen wesentlichen Bestandteil jeder Planung, Nutzung und Entwicklung der Informationstechnologie aus.[57]

Sicherheitsziele sind für das Erreichen eines festgelegten Sicherheitsniveaus von zentraler Bedeutung und bilden die Grundlage für die Konzeption und Umsetzung eines Sicherheitskonzeptes in Unternehmen. Trotz unterschiedlicher Auslegungsdimension haben beide Begriffe, IT-Sicherheit wie Informationssicherheit, die klassischen Sicherheitsziele wie Vertraulichkeit, Integrität Verfügbarkeit, und die Authentizität zu sichern. Dabei werden die Ziele für die Informationssicherheit etwas allgemeiner gefasst, während sich in der klassischen Sicherheit der Informationstechnologie die Verfügbarkeit und Integrität lediglich auf Daten und IT-Systeme beziehen.

Nachfolgend sollen die grundlegenden Schutzziele für die Informationssicherheit erläutert werden: [58]

- Vertraulichkeit (engl. Confidentiality)

In Unternehmen bestehen zahlreiche Daten oder Informationen, welche nur einem bestimmten Personenkreis zugänglich sein dürfen. Dies ist durch eine erhöhte vertrauliche Einstufung des Inhaltes begründet. Können solche Informationen oder Daten unerwünscht eingesehen werden, kann daraus ein Schaden entstehen. So wird die Einstufung eines IT-Systems nur dann als vertrauenswürdig bewertet, wenn kein unautorisierter Zugriff auf Informationen oder Daten möglich ist. Dies setzt somit voraus, dass

---

[55] (ISO/IEC, 2005)

[56] ISO/IEC 2000, ISO/IEC 17799 Information technology -- Security techniques -- Code of practice for information security management.

[57] (Eckert, 2009), S.6

[58] Vgl. ebd., S.6

Berechtigungen festgelegt und bei einem Zugriff auf ein IT-System überprüft werden. Dabei wird durch festgelegte Regeln im Informationsfluss verhindert, dass eine Person oder ein Personenkreis (Subjekte) weder absichtlich noch unabsichtlich auf nicht autorisierte Informationen oder Daten zugreifen können. Definition der ISO/IEC: „Die Eigenschaft, dass Informationen nicht unberechtigten Personen, Einheiten oder Prozessen verfügbar oder bekannt gemacht werden".[59]

- Integrität

Bei der Integrität steht der Aspekt, dass die Informationen oder Daten nicht unbefugt und unbemerkt verändert werden, im Zentrum. Somit werden mit der Festlegung von Nutzungsrechten an Objekten, zum Beispiel mit Lese- oder Schreibrechten, die Funktionen eingeschränkt. Dabei wird das Ziel verfolgt, Risiken beim Zugriff und die Möglichkeit einer Manipulation zu reduzieren. Definition der ISO/IEC: „Die Eigenschaft, Genauigkeit und Vollständigkeit der Vermögenswerte zu schützen".[60]

- Verfügbarkeit (engl. Availability)

Durch den vertieften Einsatz der Informationstechnologie in den Geschäftsprozessen der Unternehmungen kann durch den Ausfall der Informationstechnologie mit ihren Services die Prozesskette unterbrochen werden. Leistungen der Unternehmen können folglich nicht oder nur bedingt erbracht werden. Mit der Verfügbarkeit wird somit zum Ausdruck gebracht, dass ein Prozess, eine Person oder ein Personenkreis (Subjekt) die Informationstechnologie in seiner vollen Funktionsfähigkeit zu einem bestimmten Zeitpunkt nutzen kann. Definition der ISO/IEC: „Die Eigenschaft, auf Verlangen einer autorisierten Einheit zugänglich und gebrauchsbereit zu sein".[61]

- Authentizität (engl. Authenticity)

    Nicht nur die Veränderung durch bewusstes oder unbewusstes Manipulieren, sondern auch das Einspielen von fremden oder manipulierten Daten und Informationen kann unerwünschte Auswirkungen für das Unternehmen haben. Mithilfe der Authentizität (engl. Authenticity) wird die eindeutige Identität, die Echtheit und Glaubwürdigkeit eines Prozesses, einer Person oder eines Personenkreises (Subjekt) überprüfbar gemacht. Dabei wird auf Basis einer eindeutigen Erkennung des Subjektes, zum Beispiel durch einen Usernamen, und durch die Angabe einer spezifischen Eigenschaft etwa einer Chipkarte oder eines Passwortes die Identität nachgewiesen.

- Verbindlichkeit/Nachweisbarkeit-/Nichtabstreitbarkeit   (engl.   Accountability, Non-Repudiation):

---

[59] ISO/IEC 2004, ISO/IEC 13335-1 Information technology -- Security techniques -- Management of information and communications technology security.

[60] (ISO/IEC, 2004)

[61] Vgl. ebd.

Die Verbindlichkeit ist eng verbunden mit der Authentizität und Integrität und hat durch die verstärkte Nutzung von E-Business an Bedeutung gewonnen. Dabei wird ein IT-System als verbindlich betrachtet, wenn ein Prozess, eine Person oder ein Personenkreis (Subjekt) die in Anspruch genommene Dienstleistung nachträglich nicht abstreiten kann.

2.3.2. Abhängigkeiten zwischen Risiken und der Sicherheit

Bei der Festlegung der zu erreichenden Sicherheit der Informationssicherheit werden in der Praxis wie auch in der Fachliteratur vielfach die Begriffe Bedrohung, Schwachstelle und Risiko verwendet. An dieser Stelle kann nicht ausführlich auf die grosse Anzahl vorhandener Schwachstellen, Bedrohungen und Risiken eingegangen werden. Gleichwohl soll nachfolgend ein kurzer Überblick vermittelt werden, um die Zusammenhänge und Abhängigkeiten sichtbar zu machen.

Folgende Grafik zeigt den Zusammenhang im gesamten Kontext der Sicherheit.

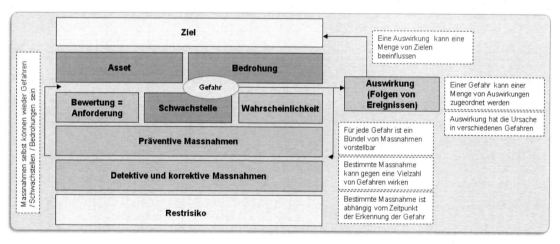

Abbildung 7:   Zusammenhänge im Kontext der Sicherheit
Quelle: Eigene Darstellung in Anlehnung an (Brühwiler, 2007), S.120

Bedrohung

Eine Bedrohung beschreibt die Gefährdung der Ausnutzung von Schwachstellen, welche folglich die Sicherheitsziele beeinträchtigen kann.[62] Je nach Gewichtung und Situation, in welcher sie auftritt, kann die Bedrohung vernachlässigbar sein oder sich in einem gesteigerten Mass negativ für ein Unternehmen darstellen. Ebenfalls sind die möglichen Auswirkungen von Bedrohungen für Unternehmen unterschiedlich und reichen von finanziellen Verlusten durch Produktionsausfälle bis zum Verlust von Infor-

---

[62] (Eckert, 2009), S.14

mationen. Es ist daher naheliegend, dass sich Unternehmen mit den Bedrohungen bezüglich der Informationssicherheit auseinandersetzen.

Definition: „Eine Bedrohung des Systems zielt darauf ab, unter Ausnutzung einer oder mehrerer Schwachstellen einen Verlust der Datenintegrität, der Informationsvertraulichkeit oder der Verfügbarkeit herbeizuführen oder die Authentizität von Subjekten (Benutzern von IT-Systemen) zu gefährden.“[63]

Bei der Ermittlung von Bedrohungen fassen Unternehmen diese ganz unterschiedlich und abgestimmt auf ihr Unternehmen zusammen. Folgend werden die Bedrohungen, welche sich am ISO-/IEC 27005 orientieren, beispielhaft in drei Klassen gegliedert: natürliche Bedrohungen, unbeabsichtigte Bedrohungen und beabsichtigte Bedrohungen.[64]

- Natürliche

  Unter diese Kategorie fallen alle natürlichen negativen Einwirkungen für die Informationssicherheit wie z. B. Feuer, Wasser, Blitzschlag, Stromausfall oder die Einwirkung von Staub oder eine hohe Luftfeuchtigkeit.

- Unbeabsichtigte

  Dies sind negative Einwirkungen, die durch Unwissenheit, Unaufmerksamkeit oder Ignoranz gegenüber der Informationssicherheit und deren Sicherheitszielen entstehen. Beispiele hierfür sind der ungenügend ausgebildete Administrator oder der Mitarbeitende, der eine Applikation fehlerhaft bedient.

- Beabsichtigte

  Beabsichtigte Bedrohungen können von innen oder von aussen verübt werden.

Bedrohungen nehmen ebenso wie der technologische Fortschritt, sowohl durch die Vernetzung als auch durch den globalen Austausch von Daten und Informationen, zu. Bereits heute wie aber auch zukünftig werden sich die bekannten Bedrohungen weiter entwickeln. Dies liegt in der Tatsache begründet, dass neue Technologien oder Massnahmen zur Unterstützung der Geschäftsprozesse durch die Unternehmen genutzt werden. So zeigt eine Studie des BSI, dass Unternehmen dem Thema Cloud eine steigende Bedeutung einräumen. Als Hinderungsgrund für eine Nutzung der Cloud wurden besondere Bedenken hinsichtlich der Informationssicherheit geäussert, da sich die Kontrolle über Risiken und Schutzmassnahmen dem direkten Einfluss der Unternehmen entzieht.[65] Folgende neuen Technologien sind einerseits in den Medien wie auch in Lösungskonzepten von Sicherheitsanbietern sehr präsent.

---

[63] Ebd., S.14

[64] (ISO/IEC, 2008), Annex C

[65] (Bundesamt für Sicherheit ind der Informationstechnik (BSI), 2011)

- Cloud Computing

  Unter Cloud Computing wird die zentrale Bereitstellung von technischen IT-Services wie zum Beispiel Rechenleistungen durch einen Provider verstanden. Derzeit bieten unterschiedlichste Provider Cloud-Services für Unternehmen, schnell und dem tatsächlichen Bedarf angepasst, an.

- Elektronischer Personalausweis

  Der elektronische Personalausweis mit der eID-Funktion, welcher bei Services und unternehmenseigenen Geschäftsprozessen verwendet werden kann.

Schwachstelle

Unter einer Schwachstelle (engl. weakness) definiert Eckert „[...] eine Schwäche eines Systems oder einen Punkt, an dem das System verwundbar werden kann."[66]

Die Verflechtung und Vernetzung zwischen den Geschäftsprozessen der Unternehmen und den genutzten Informationstechnologien erhöht die Anzahl der möglichen Schwachstellen und verstärkt somit mögliche negative Auswirkungen. Jedes Unternehmen hat daher ein Interesse solche Schwachstellen zu kennen und durch die Implementierung von entsprechenden Massnahmen zu reduzieren. Um mögliche Massnahmen den Schwachstellen gegenüberzustellen, werden die Schwachstellen meist in Klassen zusammengefasst. Folgend eine beispielhafte Gliederung, die je nach Unternehmen ausgelegt werden muss.[67]

- Schwachstellen durch Menschen Prozesse/Organisation
- Physische Schwachstellen
- Natürliche Schwachstellen
- Schwachstellen durch Hard- oder Software
- Schwachstellen von Speichermedien
- Schwachstellen von Kommunikationsleitungen
- Schwachstellen durch Emissionen

Wie bereits unter dem Punkt *Bedrohung* geschildert, sind die Grenzen der genutzten Informationstechnologien fliessend geworden. Dabei gehen die verwendeten Daten und Informationen welche in den Geschäftsprozessen der Unternehmungen genutzt werden über die physischen Grenzen der Unternehmen hinaus. Dies bedingt eine erweiterte Betrachtung der Unternehmen, wenn es um die Erkennung von Schwachstellen geht. Gerade dies scheint jedoch den Unternehmen Mühe zu bereiten. So sind laut der Studie *Threat Management Survey* fast die Hälfte aller Befragten der Meinung, eine fehlende Transparenz hinsichtlich der Sicherheit zu haben. Begründet wird dies dadurch, dass durch immer mehr neue Endgeräte und Anwendungen die denkba-

---

[66] Eckert Claudia 2009, S.13

[67] (Hungenberg, 2011)

ren Schwachstellen kaum noch komplett erfasst werden können. Eine grosse Herausforderung für Unternehmen besteht daher, stets über die aktuelle Bedrohungslage und eigene Schwachstellen Bescheid zu wissen, um so eine aktive Bearbeitung zu gewährleisten.[68]

Gefahr

Eine Gefahr entsteht beim Aufeinandertreffen einer Bedrohung mit einer Schwachstelle.

Eine Gefährdung kann somit ausgedrückt werden als eine Bedrohung, die konkret auf ein Asset über eine Schwachstelle einwirkt. Bedrohung werden somit erst wirksam wenn sie auf eine existente Schwachstelle einwirken können und somit zu einer Gefährdung für ein Asset werden.

Risiko

Sind in einem Unternehmen die Bedrohungen und die Schwachstellen im Rahmen der Informationssicherheit bekannt, gilt es mögliche Risiken zu identifizieren. Der Begriff *Risiko* wird je nach Gebiet der Anwendung unterschiedlich definiert und interpretiert. Der ISO/IEC Guide 73:2002 definiert vereinfacht: „Risiko ist die Kombination der Wahrscheinlichkeit eines Ereignisses und seine Konsequenz".[69] Bei betriebswirtschaftlichen Zusammenhängen werden Verluste oder Schäden als negative Folgen von Zielabweichungen verstanden. Damit kann Risiko wie folgt definiert werden: „Ein Risiko ist eine nach Häufigkeit und Auswirkung bewertete Bedrohung eines zielorientierten Systems. Das Risiko betrachtet dabei stets die negative, unerwünschte und ungeplante Abweichung von System-Zielen und deren Folgen".[70] Der 2009 veröffentlichte Standard ISO/IEC 31000 Risikomanagement definiert Risiko wie folgt: „Risiko ist die Möglichkeit eines Schadens oder Verlustes als Konsequenz eines bestimmten Verhaltens oder Geschehens; dies bezieht sich auf Gefahrensituationen, in denen nachteilige Folgen eintreten können, aber nicht müssen. Risiko beinhaltet immer Chancen als auch Gefahren. Es beurteilt und bewertet eine Situation anhand der Kriterien der Wahrscheinlichkeit und Auswirkung. Risiko umfasst nicht nur unerwartet eintretende Ereignisse, sondern auch unerwartete, sich schleichend einstellende Fehlentwicklungen."[71]

„Risikomanagement wird als Führungsinstrument verstanden, das die Risiken frühzeitig erkennt und Massnahmen gegen Fehlentwicklungen oder Schadenereignisse rechtzeitig einleitet, um das Unternehmen vor Unheil zu bewahren."[72]

Ein Betrieb der Informationstechnologie birgt immer Risiken und wie auch in anderen technischen Bereichen ist eine 100%ige Sicherheit nicht möglich. Risiken der Informationssicherheit müssen daher durch die Unternehmen in einer geeigneten Weise kontrolliert und bewirtschaftet werden. Dies immer mit dem Ziel, nicht zwingend alle

---

[68] (Symantec Corporation, 2011)

[69] ISO/IEC 2002, ISO/IEC Guide 73 Risk management -- Vocabulary -- Guidelines for use in standards.

[70] Brühwiler Bruno 2007, S.19

[71] ISO/IEC 2009, ISO/IEC 31000:2009 Risk management -- Principles and guidelines.

[72] Brühwiler Bruno 2007, S.19

Risiken um jeden Preis zu verringern, sondern in einem ausgewogenen Verhältnis zur Sicherheit zu bringen. Dies zeigt sich schlussendlich auch in der Leistungsfähigkeit der Unternehmen.

Die Unternehmensführung muss sich jedoch nicht nur aus der Perspektive der Informationssicherheit Gedanken über die Sicherheitsrisiken machen. So bestehen für Unternehmen in der Schweiz auch gesetzliche Bestimmungen, wenn es um das Management der Unternehmensrisiken geht. So fordert z. B. das Obligationenrecht[73] im Art. 663b, dass Unternehmen im Geschäftsbericht bestätigen müssen, dass eine periodische Beurteilung der Risiken durchgeführt worden ist. Im Weiteren fordert das OR im Art. 728, dass im internen Kontrollsystem Risiken erfasst und beurteilt werden, welche einen Einfluss auf die finanziellen Mittel der Unternehmung haben. So liegt es an der Unternehmensführung zu beurteilen, in welcher Form auf die sich immer schneller wandelnde Rahmenbedingungen und die daraus resultierenden Risiken in Bezug auf die Informationssicherheit wie auch Unternehmen zu reagieren ist.

2.3.3. Sicherheit - eingebunden in die Organisation der Unternehmung

Organisation als Begriff wird in der Literatur unterschiedlich verwendet und kann aus unterschiedlichen Perspektiven betrachtet werden. Im Allgemeinen bedeutet Organisation ein Gebilde von einer grossen Anzahl Individuen, welche sich zu einem Aufgabenbereich zusammengehörend betätigen.[74] Eine Organisation lässt sich weiter in den Dimensionen unter funktionalen, institutionellen oder instrumentalen bzw. strukturalen Aspekten beschreiben. Im Rahmen dieses Buchs sind die funktionalen und strukturalen Aspekte von Interesse.[75]

- Funktional: beschreibt Organisation als einen prozessualen Vorgang, der sich auf die Anordnung einer Organisation, d. h. auf die Aktivität des Organisierens selbst konzentriert.
- Struktural: fokussiert sich auf das Prozessresultat organisatorischer Vorgänge bzw. auf die Organisation als einen Zustand, der eine bestimmte Struktur besitzt, die sich beschreiben lässt. Hier wird das Unternehmen als ein organisatorischer Zustand aufgefasst.

In welcher Ausprägung die Organisation in einer Unternehmung festgelegt und entwickelt wird, richtet sich nach den inneren wie äusseren Anforderungen, welche an die Unternehmung gestellt werden. Die Sicherheit der Informationssicherheit ist eine solche Anforderung.

Damit die IT-Sicherheit nicht einen Selbstzweck darstellt, muss diese in die bestehende Unternehmens- und Führungsstruktur einer Unternehmung eingebunden und verankert werden. Dieser Vorgang ist sehr spezifisch mit Blick auf die jeweilige Organisa-

---

[73] (Obligationenrecht (OR), 2012)
[74] (Blum, 2000), S.3
[75] (Vahs, 2003), S.15

tion einer Unternehmung zu betrachten. Daher ist es fast nicht möglich nur eine richtige Organisation mit einer IT-Sicherheitsführungsstruktur anzugeben, welche für jede Unternehmung anwendbar ist. Eine spezifische Anpassung auf die jeweilige Unternehmensstruktur und deren Gegebenheit ist unabdingbar. In der Praxis wird diese Verantwortung durch die Unternehmensführung mehrheitlich nach aussen wahrgenommen, nach innen wird eine Zuständigkeit in der Funktion eines Beauftragten für die Sicherheit der Informationstechnologie grösstenteils im Bereich der Informationstechnologie dafür festgelegt.[76] So existiert vorwiegend ein IT-Sicherheitsbeauftragter der mit der Unternehmensführung im Rahmen eines IT-Sicherheitsmanagements in Verbindung steht. Ebenso steht der IT-Sicherheitsbeauftragte auch in Kontakt mit den Vertretern der IT-Anwendung in den Unternehmensbereichen. Die Herausforderung für den Beauftragten der Sicherheit der Informationstechnologie besteht darin die Themen der Informationssicherheit aus der technischen Sichtweise in eine durch die Unternehmensführung, nutzbare Sichtweise zu überführen.

Die Bedeutung der Informationssicherheit und deren Einbindung in die Organisationsstrukturen, hat sich in den letzten Jahren verändert. Eine Veränderung welche durch eine jüngst veröffentlichte Studie von IBM bestätigt wird. Dabei ist eine spürbare Entwicklung bezüglich Einbindung in die Organisationsstrukturen der Informationssicherheit und deren Rollen und Funktionen erkennbar. Der Stellenwert bei der Unternehmensführung zur Sicherheit ist dabei jedoch im wesentlichen immer noch davon abhängig welche Kultur im jeweiligen Unternehmen vorherrscht.[77] Ein weiterer bestimmender Faktor ist die Branche, welche die Informationstechnologie in unterschiedlichem Umfang nutzt. So haben zum Beispiel Banken oder Versicherungen eine hohe Anforderung an die Sicherheit ihrer Informationen und der Informationstechnologie.[78]

Um die Sicherheit der Informationstechnologie in einer Unternehmung realisieren und betreiben zu können, ist es erforderlich die entsprechenden Aufgaben, Kompetenzen, und Verantwortlichkeitsbereiche festzulegen. Unter der hierarchischen Betrachtung lassen sich in einer Organisation den jeweiligen Ebenen verschiedene Funktionen / Rollen zuweisen.[79] Die Funktion des Chief Information Security Officer (CISO) stellt in der Unternehmung eine Vermittlerfunktion dar. Hier werden Sicherheitsfragen der Informationssicherheit zwischen den Organisationsbereichen wie z. B. IT-Organisation (CIO), Legal oder auch dem Risikomanagement (CRO) abgestimmt. Er ist auch für die Festlegung des Sicherheitsbedarfs in verbindlichen Sicherheitsvorschriften verantwortlich.

Die ISO/IEC 27001 legt in der Frage der Organisation grundsätzliche Organisationsstrukturen fest. Dabei ist die Sicherheit der Informationstechnologie ein Element der Unternehmensvorsorge und ist somit eine Aufgabe, deren Verantwortung in der Unternehmensführung liegt. Diese Aufgabe und Verantwortung wird auf zwei Themenbereiche festgelegt. Die Unternehmensführung verpflichtet sich für die Informationssicher-

---

[76] (IBM Corporation, 2012)

[77] (IBM Corporation, 2012)

[78] (Gründer, 2007)

[79] (Königs, 2009), S.143-155

heit als auch für die dafür benötigten Ressourcen einzustehen. So wird die Unternehmensführung zur Etablierung, Implementierung, zum Betrieb, zur Überwachung, Prüfung, Wartung und Verbesserung der IT-Sicherheit angehalten.[80] Es werden keine Angaben darüber gemacht, in welcher Intensität und Ausprägung diese Verantwortlichkeit wahrgenommen werden soll.

Sicherheitsmanagement

Unter Sicherheitsmanagement wird ein systematisches Vorgehen verstanden, bei welchem ein Prozess zum Aufbau, zur Prüfung und Steuerung betrieben wird, um das Niveau der Informationssicherheit zu entwickeln.[81] Dieser Prozess wird u. a. auch beim ISO 27001-Standard als Plan-Do-Check- and, Act-Kreislauf abgebildet.

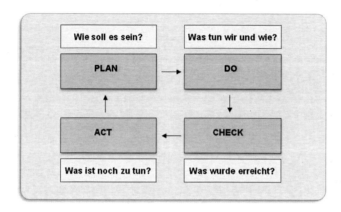

Abbildung 8: PDCA-Zyklus
Quelle: Eigene Darstellung

Mit den festgelegten Zielvorgaben der Unternehmensführung wird die gewünschte Informationssicherheit konzipiert (plan). Diese wird umgesetzt (do) und dabei alle Erfahrungen aus der Praxis, sowie auch Resultate von periodischen Überprüfungen erfasst (check). Diese werden folglich in Verbindung mit anderen neuen Vorgaben ausgewertet, um entsprechende Handlungsoptionen für Verbesserungen abzuleiten (act).

2.4.   Eine integrale Perspektive auf das Unternehmen zeigt ein vernetztes System

Neben den Grundlagen und der Klärung der Begriffe zu System und systemischem Denken wird der Autor in diesem Kapitel einen Überblick zum Instrument *Wirkungsdiagramm* geben und dabei die einzelnen Elemente beschreiben.

Integrales oder vernetztes Denken schliesst mehrere Bereiche und Ebenen der Wirklichkeit ein. Es ist ein Denken von hoher Komplexität. Der Begriff *integral* wurde im

---

[80] (ISO/IEC, 2005)
[81] (Müller, 2005), S.26

Umfeld der Psychologie durch den Autor Ken Wilber geprägt. Er vertritt die Meinung der *integralen Theorie* bei der das Zusammenführen von Philosophie, Wissenschaft und Religion im Zentrum steht. Dabei soll aufgezeigt werden, dass sich unterschiedliche Fachbereiche und Disziplinen beeinflussen und ergänzen, wenn diese zueinander in Verbindung gebracht werden.[82]

Auf der Basis der integralen Theorie von Ken Wilbert leitete Karin Egger den Begriff *integral* unter der Betrachtung einer umfassenden, wirtschaftlicher, und systemischer Weiterentwicklung ab: „Integral, ein ganzheitliches Konstrukt von Instrumenten und Modellen, welche aus den verschiedensten Bereichen und Disziplinen in Verbindung gebracht werden, um aufzuzeigen, wie sich diese gegenseitig ergänzen und bedingen. Darüber hinaus liefert ein solches neu geschaffenes Konstrukt das Fundament für eine kreative systemische Weiterentwicklung hin zum Integralen. So wird diese systemische Denk- und Handlungsweise zur echten Teilmenge des integralen Ansatzes."[83]

Die Unternehmensführung ist durch die laufenden Veränderungen gefordert, die eigene Perspektive zu überprüfen und gegebenenfalls zu erweitern. Dabei soll die eingeschränkte Perspektive einer ganzheitlichen, systemisch- integralen Sichtweise Platz machen, welche alle relevanten Aspekte berücksichtigt. Unternehmen sind heute mehr denn je mit laufend sich verändernden Anforderungen konfrontiert. So müssen die Anforderungen der Kunden in immer kürzerer Zeit in bester Qualität erfüllt werden. Das Unternehmen und im Speziellen die Aspekte der Informationstechnologie und der Unternehmensführung mit ihren spezifischen Einflussgrössen wirken nicht isoliert, sondern weisen Abhängigkeiten auf, die sich gegenseitig beeinflussen. Dies wird durch den Autor als einen der wesentlichen Faktoren angesehen, welcher ein effektives und effizientes Zusammenarbeiten erschwert. Blickt man in die heutigen Unternehmen mit ihren Mitarbeitenden, Strukturen, Prozessen und den immer zahlreicheren Informations- und Kommunikationstechnologien, wird eine mehrdimensionale Vernetzung und Verflechtung festgestellt. Die weitere Spezialisierung der Fachbereiche und deren Aufgaben als auch die Globalisierung sind in Bezug auf das Zusammenwirken durch eine steigende Komplexität geprägt. „Die daraus resultierenden Sicherheitsanforderungen stellen Herausforderungen an Unternehmen und die darin agierenden Führungskräfte dar, welche kaum vergleichbar sind mit den Problemen aus dem früheren Dienstleistungs- und Informationszeitalter. Im Vergleich zur Vergangenheit steht heutzutage die Frage der Komplexität im Zentrum."[84] Der Autor verwendet bewusst den Begriff der Komplexität. Wie der Autor in Kapitel 1.2 auf Basis persönlicher Beobachtungen festhält, scheint es Gründe zu geben, weshalb Informationen zur Sicherheit in der Informationstechnologie durch die Unternehmensführung nicht verwendet werden oder nicht genutzt werden können. Die Unternehmensführung weist in einer möglichen Nutzung der Informationen zur Sicherheit eine Vielzahl von Verhaltensmöglichkeiten auf. Daraus kann ein gewisser Grad an Komplexität abgeleitet werden.

---

[82] (Wilber, 2001)

[83] Eggert Karin 2010

[84] (Malik, Unternehmenspolitik und Corporate Governance: Wie sich Organisationen selbst organisieren, 2008), S.18

Wie und wodurch sich die *Komplexität* von einem *komplizierten* Sachverhalt abgrenzt, untersuchte Ulrich 1988 und grenzte dabei die Begriffe wie folgt voneinander ab. „Komplexität ist die Fähigkeit eines Systems, in kurzen Zeiträumen eine grosse Zahl von grundverschiedenen Zuständen annehmen zu können. Maschinen sind keine komplexen Systeme, deren Verhalten ist vorausbestimmt und voraussagbar. Ökologische und soziale Systeme dagegen sind komplexe, nicht triviale Systeme, deren konkretes Verhalten zu bestimmten Zeitpunkten nicht voraussagbar ist."[85]

Auf Basis dieser Erklärung kann die unter Kapitel 1 beschriebene Interaktion zwischen der Unternehmensführung und dem verantwortlichen Fachbereich für die Informationssicherheit als durchaus komplexer Sachverhalt betrachtet werden.

2.4.1. System

In der Praxis wird in den Unternehmungen der Begriff System häufig verwendet, z. B. bei Kennzahlensystem, Organisationssystem, IT-System oder auch im systematischen Ansatz. Folgend soll der Begriff geklärt und die Vielfalt der Systeme im Rahmen dieses Buchs abgegrenzt werden.

Beim recherchieren zur Klärung des Begriffes System konnte durch den Autor festgestellt werden, dass alle und alles in Verbindung mit einem System gebracht werden kann. Die Planeten und ihre Monde ist ein System, die Organisation eines Unternehmens, ebenso können auch Geräte der Informationstechnologie (Personal Computer) als System betrachtet werden. In der diesbezüglichen Literatur der Wissenschaften wie z. B. der Physik Biologie, Soziologie und Ökonomie, stösst man gleichfalls auf eine Vielzahl von Definitionen und Erklärungen darüber, was unter einem System zu verstehen ist. Um den Begriff und die durch den Menschen empfundenen Eindrücke zu beschreiben, bildet der systemtheoretische Ansatz von Niklas Luhmann in vielen abgeleiteten Überlegungen die Basis. Der Ansatz von Niklas Luhmann soll in diesem Buch nicht vertieft erläutert werden. Gleichwohl soll jedoch die Basis jeder systemtheoretischen Analyse erwähnt werden.

Diese Basis besteht in der Differenzierung zwischen dem System selbst und deren Umwelt. Dabei wird unter der System-Umwelt vielfach das soziale und gesellschaftliche Umfeld verstanden. Ohne Umwelt kann das System nicht existieren. Wird die Beziehung zwischen Umwelt und System erhalten, weisen die Systemgrenzen eine höhere Komplexität auf als das System selbst.[86]
Im alltäglichen Gebrauch wird unter einem System eine Einheit verstanden, welche als Ganzes funktioniert und bei der ein Zusammenwirken der einzelnen Teile stattfindet. Diese Beschreibung enthält bereits die wesentlichen Aspekte der systemischen Sichtweise. Detaillierte Erklärungen sind in den zahlreichen Systemansätzen zu finden, dies jedoch durch die Vielzahl von unterschiedlichen Auffassungen zu diesem Begriff nicht dazu beitragen, den Begriff eindeutig zu definieren. Stellvertretend soll die Defini-

---

[85] Ulrich Hans / Probst Gilbert 2001, S.66
[86] (Luhmann, 1984)

tion von Hötz und Wessel angeführt werden, welche ein System wie folgt definieren: „Ein System ist eine relativ stabile, geordnete Gesamtheit von Elementen und Beziehungen, die durch die Existenz bestimmter Gesetze, d. h. allgemein notwendiger und wesentlicher Zusammenhänge, charakterisiert ist."[87]

Die folgende Abbildung 9 zeigt die grundlegenden Bestandteile eines System sowie deren Beziehungen.

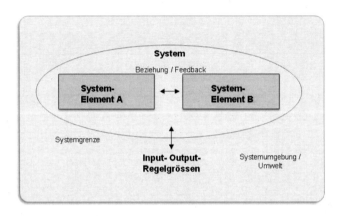

Abbildung 9:   Sytem mit Element und Beziehung
Quelle: Eigene Darstellung

Nicht nur die Begriffsdefinitionen bestehen in einer grossen Zahl, auch die Arten der Systeme sind zahlreich. Um die Vielfalt von System einzugrenzen, können Systeme typisiert und dabei im Allgemeinen unterschieden werden, wobei dabei die Übergänge zwischen den einzelnen Systemtypen teilweise fliessend ist:[88]

- Natürliche Systeme (z. B. Planetensystem, Atomsystem etc. Natürliche Systeme entstehen und existieren ohne menschlichen Einfluss).
- Systeme welche durch Menschenhand geschaffen wurden. Diese können weiter unterteilt werden in:
- logische Systeme, (Logiksymbole, Zahlensysteme, Kontenplan)
- mechanische Systeme (technische Maschinen, Automaten)
- soziale Systeme (Familiengemeinschaft, Staatsvolk)

Die durch den Menschen geschaffenen Systeme erscheinen in der Realität häufig auch als kombinierte Systeme aus sozialen und sachlichen Elementen. Diese werden

---

[87] Hörz Herbert / Wessel Karl-Friedrich 1983, S.45
[88] (Springer Gabler)

als sogenannte Mensch-Maschinen-Systeme oder sozio-mechanische Systeme bezeichnet. Alle diese Systeme sind dynamische Systeme, mit Ausnahme der logischen Systeme, die statisch sind.[89]

- Gesamt- und Teilsysteme
- Offene und geschlossene Systeme
- Stabile und kybernetische Systeme

Dies sind Systeme, welche durch eine Störung aus dem Gleichgewicht gebracht wurden, die jedoch wieder in den Zustand des Gleichgewichts zurückfinden. Die Kybernetik hat dieses Verhalten untersucht und in der Stabilitätstheorie Stabilitätsgesetze entwickelt, welche grosse Bedeutung in der Automatisierung und bei sozialen und wirtschaftlichen Systemen haben.

- Betriebliche-Organisationssysteme

Die betrieblichen Organisationen sind stets sozio-mechanische Systeme (Mensch-Maschinen-System), d. h. sie dienen der zwischenmenschlichen Interessengemeinschaft und Koordination von Menschen und Sachen der Leistungserstellung.

In diesem Buch sind die betrieblichen Organisationsysteme (sozio-mechanische Systeme) von Interesse, da ein Unternehmen in diese Systemgruppe eingeordnet werden kann. Betriebliche Organisationssysteme kommen mit ihren Eigenschaften den lebenden Systemen sehr nahe. Betrachtet man die Eigenschaften eines betrieblichen Organisationssystem so sind diese unsichtbar, vernetzt und weisen einen hohen Grad von Rückkoppelungen auf. Betriebliche Organisationssysteme lassen sich nicht wie z. B. die Informationstechnologie steuern, sie weisen jedoch eine hohe Eigendynamik auf.[90]

Wird der Treiber einer Anforderung an ein System untersucht, ist dabei wichtig zu erkennen, dass die gestellten Anforderungen an ein System nicht nur von einem Punkt ausgehen. Bei der Betrachtung des Systems ist es wichtig alle relevanten Anforderungen zu berücksichtigen, welche z. B. durch die Unternehmensführung, internationale Standards oder Unternehmensprozesse gestellt werden. Wird ein System mit seinen Teilen und deren Abhängigkeiten betrachtet, kann der Eindruck entstehen, dass Systeme unkontrolliert und chaotisch wirken. Systeme sind jedoch grundsätzlich berechenbar, was durch das sich wiederholende Verhalten im System erklärbar ist. Ein wiederholtes oder auch zyklisches Verhalten muss jedoch nicht heissen, dass sich die einzelnen Abläufe exakt gleich wiederholen.[91]

---

[89] Vgl. ebd.
[90] (Sherwood, 2011), S.32
[91] (Hatley, Hruschka, & Imtiaz, 2003)

Auf Basis der oben aufgeführten Erklärungen und der Definition kann unter einem System somit ein Netzwerk aus verschiedenen Regelkreisen verstanden werden. Das folgende Beispiel soll dies anhand eines Regelkreises aus der Informationstechnologie veranschaulichen.

Beispiel: Regelkreis in der Informatik

Die Monitorfunktion eines Sicherheitsgateways (Firewall) bei einem Netzübergang (DMZ Internet) führt einen Soll-Ist-Wert-Vergleich durch und hält so die Bandbreite konstant. Treten Umwelteinflüsse ein, z. B. ein Angriff auf das Netz, so fällt die Bandbreite (Ist-Wert) unter den festgelegten Soll-Wert. Folglich wird die Differenz ausgeglichen. Dabei wird immer das Ziel des Gleichgewichts verfolgt, welches sich an einer gleichbleibenden Bandbreite zeigt.

Durch den Umstand, dass ein Angriff immer stattfindet, ist eine andauernde Stabilität nicht möglich. Die Regulierung durch die Monitorfunktion sorgt jedoch für ein fliessendes Gleichgewicht und gewährleistet trotz geringer Abwiechung-en eine relativ konstante Bandbreite beim Netzübergang. Dieses Gleichgewicht wird nur durch einen periodischen Soll-Ist-Wert-Vergleich ermöglicht, wobei die Abweichung (Differenz) als Rückkopplung zurückgemeldet wird.

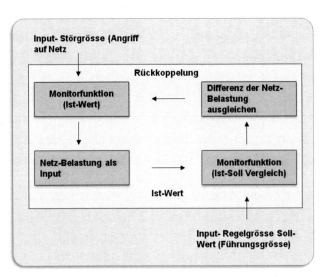

Abbildung 10: Regelkreis am Beispiel eines
Sicherheitsgateway
Quelle: Eigene Darstellung

Die stark vereinfachte Darstellung darf nicht darüber hinweg täuschen, dass es sich dabei lediglich um ein Modell handelt, das nicht der eigentlichen Realität entspricht. Es ist daher naheliegend, dass sich die wechselseitige Interaktionen von Mitarbeitenden in Unternehmen nicht auf die Komplexitätsstufe eines Informationstechnologiesystems reduziert lässt, da bei menschlichen Interaktionen immer eine Vielzahl von Regelkrei-sen ineinander wirken. Dabei gilt es auch zu berücksichtigen, dass mehrere voneinander unabhängige Systeme ein übergeordnetes System darstellen, wenn sie unterein-ander in Beziehung treten.

2.4.2. Systemisches Denken

Beim systemischen Denken handelt es sich um einen Ansatz, bei welchem eine Situa-tion als Ganzes mit ihren Verbindungen und Wirkungen untersucht werden soll. Was genau darunter zu verstehen ist, soll folgend erläutert werden.

Die Möglichkeiten der heutigen Informationstechnologien und den damit verbundenen Funktionalitäten zeigen auf, dass durch den hohen Grad der Vernetzung ein einfaches Erkennen von Ursache und Wirkung bei Führungsaufgaben oder Geschäftsabläufen nicht ohne weiteres möglich ist. Eine mögliche Begründung dieses Sachverhaltes sieht Fredmund Malik darin, dass ein technomorphes[92] Denken noch weit verbreitet ist. In diesem Denkverhalten wird auf lineare Kausalketten fokussiert, indem eine Wirkung, zum Beispiel Schadsoftware auf einem IT-System, auf nur eine Ursache, zum Beispiel ungenügendes Sicherheitsgateway[93] zurückgeführt wird[94]. Geprägt und verstärkt wird dieses Denken dadurch, dass viele Problemlösungswerkzeuge, welche in der tägli-chen Praxis genutzt werden, auf dem Lösungsansatz beruhen, ein Problem zu zer-legen.[95]

Dabei werden lineare Kausalketten unterteilt, so dass dabei das in den Blick zu neh-mende System mit den Fragen der Informationssicherheit, der Unternehmensführung und deren Konzepte einzeln untersucht wird. Die gewonnenen Resultate dienen folg-lich als Grundlage, um das System als Ganzes zu verstehen. Dieses Vorgehen und die Betrachtung weisen jedoch erhebliche Mängel auf. So wird im geschilderten Vor-gehen das System in seiner Vernetztheit zerstört und Merkmale eines Systems in sei-ner Gesamtheit können nicht mehr erkannt werden.[96] In der Naturwissenschaft hat sich das oben erwähnte Vorgehen bewährt, indem Experimente bewusst so gewählt wurden, dass der Fokus auf einzelne Elemente gelegt wurde. Andere ergänzende Ele-mente wurden, um den Fokus nicht zu erweitern, bewusst ausgeblendet. Es bestehen jedoch Situationen, in denen der Ansatz der Naturwissenschaft nicht anwendbar ist. Peter Senge äussert sich zu diesem Sachverhalt sehr treffend und schildert dies am System Elefant.

Beispiel: Teilung eines Elefanten

Teilt man einen Elefanten in zwei Hälften gehen daraus nicht etwa zwei kleine Elefan-ten hervor. Wer die Funktionsweise des Systems *Elefant* verstehen will und be-schliesst, dieses Ziel durch Zerlegung des Elefanten und Untersuchung der einzelnen

---

[92] Als technomorph wird im allgemeinen etwas *von den Kräften der Technik geformt* verstanden. Quelle: http://www.duden.de/rechtschreibung/technomorph, April 2012.

[93] Das Sicherheitsgateway (oft auch Firewall genannt) ist ein System aus soft- und hardwaretechnischen Kompo-nenten, um IP-Netze sicher miteinander zu verbinden.

[94] (Malik, Strategie des Managements komplexer Systeme, 2002), S.36-38

[95] (Sherwood, 2011), S.36

[96] Vgl. ebd., S.21-22

Teile zu erreichen, wird vermutlich enttäuscht, denn die Teilung des Elefanten in zwei Hälften führt zur Umwandlung eines ehemals gut funktionierenden Systems in zwei überhaupt nicht funktionierende Untersysteme. Dies kann einfach nachvollzogen werden, da beide Hälften des Elefanten eng miteinander verbunden sind. Durch das Zerlegen des Elefanten in zwei Hälften wird die Vernetztheit zerstört. Da diese Vernetztheit das zentrale Wesensmerkmal des Systems ist, überrascht es folglich nicht, dass ihre Zerstörung auch das System selbst zerstört.[97]

Um ein System in seine Komplexität zu verstehen, müssen wir unser Denken also bewusst verändern. Wir müssen uns ein Systemdenken aneignen. Peter Senge versteht unter Systemdenken, dass eine Fähigkeit entwickelt werden muss, um Abhängigkeiten, Interdependenzen und ganzheitliche Strukturen erkennen zu können. Systemisches Denken ist ein umfassendes, ganzheitliches und integrierendes Denken, welches von unterschiedlichen Zusammenhängen ausgeht und dabei möglichst viele Faktoren und deren Einflüsse berücksichtigt. Dies schafft eine Basis und ein Ausgangspunkt, um die Ursache - Wirkungs - Kette zu untersuchen.[98]

Bei dieser Art des Denkens ist wichtig:[99]

- Strukturen und Zusammenhängen zu erkennen,
- Denken in Möglichkeiten,
- Denken in Szenarien
- Vernetztes Denken.

Um ein Unternehmen als System und deren Vernetztheit zu verstehen und dabei als Unternehmensführung die Einflussnahme und Steuerung wahrnehmen zu können, ist es notwendig, das System als Ganzes zu verstehen. Eine ganzheitliche Betrachtung schliesst jedoch nicht aus, dass die anderen Fähigkeiten der Unternehmensführung wie z. B. detaillierte Kenntnisse eines Fachbereiches notwendig sind.

Stafford Beer hat als möglicherweise erster Manager das Denken in Systemzusammenhängen in einer ganzheitlichen Managementtheorie aufgegriffen und thematisiert. Er ist der Begründer der Managementkybernetik und veröffentlichte seine Theorien bereits 1959.[100] Eine Denkhaltung auf welcher 1972 die systemorientierte Managementlehre wie auch das St. Galler Managementmodell von Hans Ulrich und Walter

---

[97] (Senge, 2011)
[98] Vgl. ebd.
[99] Vgl. ebd.
[100] (Beer, 1959)

Krieg entwickelt wurde. Um das Thema Kybernetik[101] und das Wissen darüber in der Wissenschaft und Praxis zugänglich zu machen, wurde im Jahr 2000 das *Cwarel Isaf Institute* gegründet.

Mit der Kybernetik wird das Ziel verfolgt, das *Wissen* zu erforschen, welches benötigt wird, um Regulierung/Lenkung und Kommunikation im Lebewesen und der Maschine zu ermöglichen.[102]

Die unter Kapitel 1.1 beschriebene Situation zeigt das zentrale Problem, mit dem sich die Unternehmensführung auseinandersetzen muss. Entscheidungen der Unternehmensführung im Rahmen ihrer Führungsaufgaben betreffen Organisationsbereiche in ihrem engeren Arbeitsumfeld; andere hingegen befinden sich in anderen Organisationsbereichen oder sogar ausserhalb des Systems *Unternehmen*. Entscheidungen können innerhalb der jeweiligen Abteilungsgrenzen durchaus nachvollzogen werden, für das Unternehmen als System jedoch können diese Entscheidungen auch negative Auswirkungen haben. Grund hierfür ist, dass ein System als Ganzes Eigenschaften besitzt, welche nur im Zusammenwirken der einzelnen Systemelemente erscheinen. Diese können somit auch nicht erkannt und berücksichtigt werden, wenn einzelne Systemelemente untersucht werden, um die Basis für Entscheidungen zu erarbeiten.[103]

Die Komplexität der Realität lässt sich am besten reduzieren, in dem ein Sachverhalt in der Rundumsicht betrachtet wird. Dabei werden Silomentalität und Kurzsichtigkeit verhindert, da die Komplexität der realen Gegebenheiten reduziert wird, ohne wichtige Wechselwirkungen auszuklammern.[104] Mit der Reduktion können die vielfältigen Daten und Informationen strukturiert werden, sodass eine zielgerichtete Handlungsfähigkeit innerhalb des Beziehungsgeflechtes möglich wird.

Um dieses theoretische Wissen auch in der Praxis anwenden zu können, liefert der systemische Denkansatz entsprechende Lösungen und stellt Werkzeuge und Methoden in Form von Wirkungsdiagrammen oder auch Systemdynamikmodellen zur Verfügung. Im Rahmen dieses Buchs wird nur auf die Wirkungsdiagramme eingegangen, da diese es ermöglichen das Zusammenwirken der Unternehmensführung mit den Managementkonzepten und der Informationssicherheit in einer vereinfachten grafischen Darstellung sichtbar zu machen.

---

[101] [...] Norbert Wiener hat den Begriff Kybernetik schliesslich im Sommer 1947 von dem griechischen kybernétes für *Steuermann* abgeleitet und damit den nach seiner Einschätzung ersten bedeutenden Artikel über einen Rückkoppelungsmechanismus von James Clerk Maxwell (On Governors, 1867/68) geehrt; dort wird ein Fliehkraftregler beschrieben, der englisch als *governor* bezeichnet wird. Das Wort *governor* leitet sich aus dem lateinischen *gubernator* (für Steuermann) ab, einem lateinischen Lehnwort aus der altgriechischen Sprache, das sich von kybernétes ableitet. [...] vgl. Wikipedi Enyklopädie, Kypernetik, http://de.wikipedia.org/wiki/Kybernetik

[102] (Pruckner, 2002)

[103] (Sherwood, 2011), S.31

[104] Vgl. ebd., S.15

Wirkungsdiagramm – wie aus Elementen ein Diagramm entsteht

Ein Wirkungsdiagramm, auch Kausalschleifen genannt (Causal Loop Diagrams), ist ein Instrument beim systemischen Denken, mit dem eine qualitative, verbale Beschreibung erstellt wird. Dabei bestehen diese grundsätzlich aus Systemelementen und Pfeilen, die kausale Wirkungen eines Elements darstellen.

Folgend werden die Elemente in einem Wirkungsdiagramm erklärt und deren Anwendung beschrieben. Zur Erstellung dient die Orientierung an den grundlegenden Arbeitsphasen; diese sind: Erfassen, Verknüpfen und die Analyse.[105]

Abbildung 11: Arbeitsphasen
Quelle: Eigene Darstellung

(1a) Elemente erfassen:

- Faktoren erfassen, die für die zu untersuchende Situation von Relevanz sind.
- Die erfassten Faktoren stellen die variablen Elemente dar.
- Eine erste Auswahl treffen und Elemente weglassen, um die Komplexität zu reduzieren.
- Festlegen der Bewegungsrichtung (Zunahme, Abnahme).

(1b) Beziehungen erfassen:

- Zwischen den Elementen die Zusammenhänge erfassen, Elemente werden durch Pfeile verbunden.
- Pfeile müssen die Richtung der Beeinflussung angeben. Das Vorzeichen gibt an, welche Art der Beeinflussung besteht.
- Vorzeichen „+": Zunahme von Element X führt zur Zunahme von Element Y.
- Vorzeichen „-„: Zunahme von Element X führt zur Abnahme von Element Y.

Das folgende Beispiel soll dies veranschaulichen.

Ein positives Vorzeichen „+" bedeutet somit; je mehr von der Ursache, desto mehr von der Wirkung. Oder anders ausgedrückt; wenn eine Erhöhung der Ursache die Wirkung verstärkt, ist der Pfeil mit einem positiven Vorzeichen zu versehen, im umgekehrten Fall mit einem negativen. Ein negatives Vorzeichen „-" bedeutet somit; je mehr von der Ursache, desto weniger von der Wirkung.[106]

---

[105] (Sherwood, 2011)
[106] (Sherwood, 2011), S.98

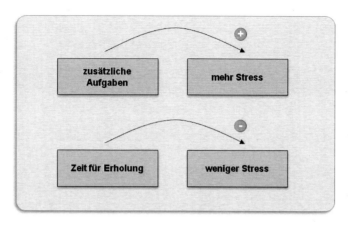

Abbildung 12:   Ursachen-Wirkungs-Beziehung
Quelle: Eigene Darstellung

(2) Elemente zu Regelkreisen verknüpfen:

- Zusammengehörende Elemente zu Kreisläufen verbinden. Es entsteht ein aus Regelkreisen zusammengesetztes Wirkungsnetz.
- Alle Elemente sind zu erfassen wobei geschlossene Wirkungsketten entstehen müssen.
- Die erstellten Regelkreise auch Wirkungskreisläufe genannt erhalten ihre Eigenschaft aus der Summe der darin enthaltenen Elemente.
- Gegenläufige Beziehungen:
- Verstärkung „+": Summe ergibt eine gerade Zahl, das Ergebnis ist Eskalierung.
- Ausgleich „-„: Summe ergibt eine ungerade Zahl, das Ergebnis ist Stabilisierung.

Durch die vollständige vernetzte Darstellung der einzelnen Elemente, die das zu untersuchende Problem darstellt, entsteht ein Wirkungsdiagramm. Durch diese Darstellung der unterschiedlichen Wirkungen ergeben sich Wirkungskreisläufe. Diese können grundsätzlich für sich verstärkend oder aber auch stabilisierend sein. Die geschlossenen Regelkreise stellen nichts anderes dar als mehrere verbundene Kausalbeziehungen. Ein Kreis, in dem alle Systemgrössen mit den anderen verbunden sind, wird als Feedbackschleife (Rückkoppelung) bezeichnet. Diese Feedbackschleife ist das wesentliche Merkmal aller Wirkungsdiagramme.

Das Wirkungsdiagramm kann mit Elementen, die sich ausserhalb der Feedbackschleife befinden, ergänzt werden. Diese Elemente weisen eine Verbindung zu den Schleifen auf und werden als Input- oder Output-Regelgrösse bezeichnet. Die Elemente stellen z. B. Sollwerte, angestrebte Ziele oder das Gesamtresultat des Systemlaufs dar.[107]

---

[107] (Sherwood, 2011), S.77

Das folgende Beispiel soll dies verdeutlichen, in dem ein alltäglicher Sachverhalt im Umfeld der Informationstechnologie systematisch betrachtet wird.

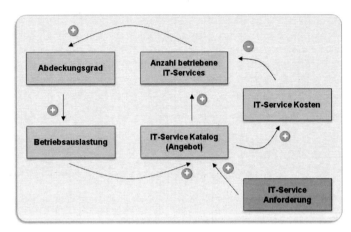

Abbildung 13: Wirkungsdiagramm mit Regelgrösse
Quelle: Eigene Darstellung

(3) Analyse der Feedbackschleifen (Regelkreise):

- Durchführen der Analyse, wobei sich Aufschlüsse über das Systemverhalten ergeben.

2.5. Fazit

Mit den oben aufgeführten Informationen zum Wirkungsdiagramm wird das Kapitel 2 abgeschlossen. Welche Themen wurden im Kapitel 2 behandelt? Mit einer allgemeinen Erarbeitung und Klärung verschiedener Begriffe und deren unterschiedlichen Deutung wurde eine Übersicht geschaffen. Mit den Erläuterungen wurde ein Fundament gelegt und eine Einordnung in die Organisation vorgenommen. Es konnte aufgezeigt werden, wie die einzelnen Begriffe in Bezug auf die Informationssicherheit stehen.

Besonders den Begriffen Sicherheit der Informationstechnologie, Perspektive der Unternehmensführung mit Managementkonzepten sowie Komplexität von Systemen wurde grosse Aufmerksamkeit geschenkt. Diese Begriffe spielen in der folgenden Bearbeitung der Untersuchung eine wichtige Rolle.

Die von den Unternehmen eingesetzten Managementkonzepte unterstützen das Unternehmen dabei die Organisation sowie die Prozesse zu gestallten, zu lenken und stetig zu entwickeln. Dabei soll die operative Funktionsfähigkeit obtimiert werden und sich auf den Kundennutzen ausrichten. Dies ist allerdings nur möglich, wenn die Managementkonzepte etabliert und abgestimmt sind und einen Mehrwert darstellen. In der Verknüpfung der Managementkonzepte und im Bewusstsein von Abhängigkeiten dürfte eine Reihe von Optimierungspotenialen liegen. Die Sicherheit als Teil des Informationsmanagement verstärkt in die Unternehmensführung einzubinden kann dabei als komplex betrachtet werden. Komplex, da stets Menschen die zentralen Akteure darstellen und durch ihr Handeln und Verhalten das Sicherheitsniveau innerhalb der Unternehmung bestimmen. Die Vielzahl der Managementkonzepte, die Abstimmung wie die Einordnung in die Führungsstrukturen machen deutlich, dass die Einbindung der Informationssicherheit nicht nur ein technisches, sondern auch in Führungsthema ist. Dabei muss das Thema der Informationssicherheit die strategischen Vorgaben berücksichtigen, die Wirksamkeit der Unternehmensführung sowie eine nützliche Unternehmenskultur unterstützen respektive diese weiter entwickeln.

Auf Basis dieser Informationen und der gestellten Forschungsfrage (Kapitel 1.3) lassen sich für dieses Buch folgende spezifische Forschungsfragen aufstellen:

- In welcher Art müssen Daten und Informationen zur Informationssicherheit der Unternehmensführung bereitgestellt werden, um dabei einen Nutzen für die Unternehmensführung erbringen zu können?

- Welche Aktivitäten sind bei der Nutzung von Managementkonzepten notwendig, um Daten und Informationen zur Sicherheit in die Corporate Governance (Unternehmensführung) einzubinden?

- Wie ist die Zusammenarbeit (Organisation/Struktur/Rollen/Funktion) der Unternehmensführung mit den Fachbereichen zu gestalten, damit diese einen gemeinsamen Zweck verfolgen?

Nach dieser ersten Sensibilisierung erfolgt, in Kapitel 3, die vertiefte Betrachtung der Unternehmung anhand eines Systems wobei einzelne Regelkreise erfasst und untersucht werden.

3. Theoretische Untersuchung zur Überprüfung der Forschungsfrage

In Kapitel 1 und 2 wurden die Perspektiven des Managements und der Sicherheit zur Informationssicherheit beschrieben und die Problemfelder, mit denen die Unternehmen heute konfrontiert sind, an verschiedenen Stellen beleuchtet. Es wurde dabei auch angedeutet, dass die genutzten Managementkonzepte aufgrund der steigenden Komplexität bei Entscheidungen durch die Unternehmensführung nicht oder nur bedingt angemessen sind.

Um die Herausforderungen der Unternehmensführung in Bezug auf die Informationssicherheit zu erkennen und einschätzen zu können, soll das Unternehmen in diesem Kapitel als System in Bezug auf die Forschungsfrage hin untersucht werden. Kapitel 3.1 liefert Aufschluss zu den Überlegungen bei der Vorbereitung zur Durchführung der Untersuchung. Die Entwicklung des Wirkungsdiagramms *IT-Sicherheit und Unternehmensführung* in Kapitel 3.2 wie die Untersuchung der Feedbackschleifen in Kapitel 3.3 und 3.4 bilden den Teil der Untersuchung. Abschliessend folgt ein Fazit (Kapitel 3.5).

3.1. Überlegung bei der Vorbereitung zur Durchführung der Untersuchung

In den kontroversen Diskussionen zum Einsatz und Nutzen der vorhandenen Managementkonzepte und in der Frage, wie die Unternehmensführung auf neue Rahmenbedingungen zu reagieren habe, sieht der Autor einen ersten Ansatz für die eigene Untersuchung. Es wird dabei angenommen, dass die unterschiedlichen Auffassungen sich auf einem unterschiedlichen Verständnis, über den heutigen Stellenwert der Informationssicherheit und das ineinandergreifen der unterschiedlichen Managementkonzepte, ergeben.

Der Autor wirft dazu die Frage auf: Kann die Unternehmensführung verbessert über die Sicherheit der Informationstechnologie informiert werden? Ein erster Schritt zur Klärung dieser Frage soll mit dem vorliegenden Buch geleistet werden. Ziel des Autors ist eine Unternehmung mit den Managementkonzepten und wechselseitigen Interaktionen in einem Konstrukt zu erfassen und darzustellen. Aus den gewonnenen Erkenntnissen sollen sich erste Empfehlungen ableiten lassen. Die Erkenntnisse sollen eine Basisstruktur bilden, dessen Validität folgend in weiteren Forschungsschritten zu überprüfen ist.

Die durchgeführte Untersuchung orientiert sich an den Methodenphasen, welche in Verhaltens- oder Konstruktionswissenschaften angewendet werden: Prozess-, Realitätsbildungs- und Analysephase.[108]

3.1.1. Methodik der Untersuchung

Eine *Methode* ist nach Michael Häder ein Verfahren, welches auf einem Regelsystem aufbaut, um Erkenntnisse oder praktische Ergebnisse zu erhalten.[109] Anhand des

---

[108] (Wilde & Hess, 2006)
[109] (Häder, 2006), S.20

42

Formulierungsgrades kann zwischen quantitativen und qualitativen Methoden unterschieden werden.[110]

- Quantitativ
  Um Zusammenhänge zu klassifizieren werden bei quantitativen Methoden erklärende, beschreibende und numerische Betrachtungsweisen herangezogen. Dabei wird bestehendes Wissen übersichtlich durch Zahlenwerte dargestellt. Durch die strukturierte Erhebung lassen sich die Ergebnisse vergleichen. Soziale Beziehungen lassen sich aufgrund der Komplexität durch die quantitative Methode nicht umfassend erfassen.

- Qualitativ
  Im Gegensatz dazu wird bei der Anwendung von qualitativen Methoden versucht die Zusammenhänge und Ursachen zu verstehen, um diese so begründen. Die Erfassung erfolgt dabei eher durch eine unstrukturierte Vorgehensweise und ist somit flexibler. Es lassen sich dynamische Prozesse analysieren und Veränderungen im zu untersuchenden Bereich können zeitnah vorgenommen werden.

Für die vorliegende Untersuchung leitet der Autor daraus ab, dass qualitative Methoden die geeigneteren sind, um den in der Forschungsfrage beschriebenen Zusammenhang zu untersuchen.

In den durch den Autor durchgeführten Recherchen zeigt sich, dass zurzeit keine umfangreichen Untersuchungen zum Themenfeld vorhanden sind. Auch würden sich diese nur mit grossem Aufwand auswerten lassen, da keine allgemeine verständliche Struktur als Orientierung dienen könnte. Was fehlt, ist eine Sammlung und Verbindung einzelner Erfahrungen und Fachwissen aus der Literatur und den diversen Managementkonzepten. Aus diesem Grund verfolgt der Autor in dieser Untersuchung einen empirischen Ansatz, um herauszufinden, welche Elemente im Unternehmen welche potenziellen Wirkungen auf die Informationssicherheit und Unternehmensführung haben. Dabei lieferte das Studium von Literatur Informationen über bestehendes Wissen und unterschiedliche Betrachtungsweisen. Beobachtungen durch den Autor über einen Zeitraum von 15 Jahren in unterschiedlichen Unternehmen lieferten Erkenntnisse über die alltäglichen Handlungen in den Unternehmungen.

Um diese Informationen greifbar zu machen und den Standpunkt des zu untersuchenden Forschungsbereiches detailliert wiederzugeben, betrachtet der Autor die grafische Darstellung in Form eines Wirkungsdiagramms als ideales Untersuchungsinstrument. Die Tauglichkeit komplexer Systeme mit Hilfe von Rückkoppelungsschleifen zu untersuchen, findet sich auch in Aussagen von Ashby wieder. Regelkreise besitzen generische Elemente, welche für verschiedene Systeme anwendbar sind, egal aus welcher Materie sie bestehen.[111]

---

[110] (Winter, 2000)
[111] (Ashby, 1974), S.16

Das Wirkungsdiagramm ist eine Kreativitätstechnik, bei welcher in einem gering struk-
turierten Prozess argumentativ ein Konzept durch den Autor selbst entwickelt wird
(qualitativ-argumentative Forschung). Das Konzept wird dabei ausreichend präzise
spezifiziert und dokumentiert. Die Kreativitätstechniken sind in der Phase der Analyse
sehr stark deduktiv geprägt. Die Deduktion baut auf Ergebnissen der Realitätsabbil-
dung auf und stellt jedoch keine unabhängige Forschungsmethode dar.[112] Trotz der
damit verbundenen Mängeln wie z. B. der geringen Vergleichbarkeit oder der Generalisierbarkeit, welche sich bei der Anwendung eines Wirkungsdiagramms ergeben,
sieht der Autor, dass die präferierte Methode der wissenschaftlichen Problemstellung
gerecht wird.

3.1.2. Qualität der Untersuchung

Mit dem Festlegen von Untersuchungsmerkmalen will der Autor sicherstellen, dass
eine Beurteilung zum Vorgehen und den Resultaten erreicht wird. Mit dem Verbinden
einer quantitativen Grösse soll ein minimaler Grad an Zuverlässigkeit und Gültigkeit
erreicht werden, welcher an eine wissenschaftliche Untersuchung gestellt wird. Bei
den Qualitätskriterien qualitativer Forschung orientiert sich der Autor an der Bestan-
desaufnahme von Uwe Flick, welcher die differenzierenden Schwerpunkte bei der
qualitativen Forschung umfassend beschreibt. Abgeleitet daraus sollen bei der Durchführung der Untersuchung folgende Kriterien beachtet werden:[113]

- Objektivität

  Bei der Objektivität wird die Unabhängigkeit der Untersuchung von den subjektiven Einflüssen des Autors berücksichtigt, um die Neutralität zu sichern.
  Dies wird dadurch erreicht, dass die unterschiedlichen Dimensionen des Pro-
  blems möglichst umfassend erforscht und analysiert werden. Es soll dafür eine
  angemessene Untersuchungsmethode oder ein Instrument genutzt werden, das
  die Untersuchungsinhalte auch umfassend erheben kann.

- Offenheit/Transparenz des Erhebungsablaufes

  Da die Daten bei der Anwendung einer qualitativer Methode nicht auf eindeutig
  quantifizierbare Ergebnisse beruhen, ist eine Reproduktion des Erhebungs-
  ablauf eher unwahrscheinlich. Daher wird einem ausreichend transparenten Er-
  hebungsablauf Rechnung getragen. Dabei sollen die Feststellungen bezüglich
  Aufbau und Ablauf der Untersuchung offengelegt werden. Von Bedeutung ist
  dabei vor allem, dass der gesamte Ablauf und seine Entstehungsbedingungen
  dokumentiert werden.

---

[112] (Wilde & Hess, 2006)
[113] (Flick, von Kardorff, & Steinke, 2010)

- Zuverlässigkeit und Objektivität der Auswertung

  Mir der Offenlegung und Begründung der Auswertungsschritte soll die Zuverlässigkeit der Ergebnisse so weit unterstützt werden, dass sie durch den Leser zumindest nachvollziehbar sind.

- Interpretation

  Bei der qualitativen Untersuchung sind Objektivität und Zuverlässigkeit massgebend, damit die vorgenommene Interpretation nachvollzogen werden kann. Somit ist es auch bei dem Kriterium *Interpretation* wichtig, dass alle Überlegungen und Interpretationsschritte im Laufe der Untersuchung transparent gemacht werden.

3.1.3. Vorgehen bei der Untersuchung

In Anlehnung an Armin Töpfer[114] legte der Autor die geregelte Vorgehensweise für die Untersuchung fest. Die einzelnen Phasen und deren Abfolge sind in Abbildung 14 aufgezeigt.

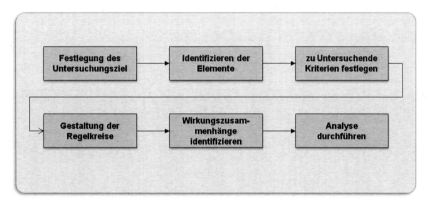

Abbildung 14:   Vorgehensphasen der Untersuchung
Quelle: Eigene Aufbereitung in Anlehnung an: (Töpfer, 2010)

Die sechs Vorgehensphasen werden nachfolgend konkretisiert:

(1) Festlegung des Untersuchungsziels
Die zu untersuchende Forschungsfrage, welche in Kapitel 1.3 erläutert wurde, lautet:

---

[114] (Töpfer, 2010), S.217

Können die Informationen zur Sicherheit der Informationstechnologie, welche durch Instrumente und Methoden bereitgestellt werden, durch die Unternehmensleitung in die Führungsstrukturen und-, Prozesse eingebunden und genutzt werden?

Anhand der Ausgangslage und der daraus gestellten Forschungsfrage (Kapitel 1.3) liessen sich für die Untersuchung folgende spezifische Forschungsfragen aufstellen (Kapitel 2.5)

- In welcher Art müssen Daten und Informationen zur Informationssicherheit der Unternehmensführung bereitgestellt werden, um dabei einen Nutzen für die Unternehmensführung erbringen zu können?

- Welche Aktivitäten sind bei der Nutzung von Managementkonzepten notwendig, um Daten und Informationen zur Sicherheit in die Corporate Governance (Unternehmensführung) einzubinden?

- Wie ist die Zusammenarbeit (Organisation/Struktur/Rollen/Funktion) der Unternehmensführung mit den Fachbereichen zu gestalten, damit diese einen gemeinsamen Zweck verfolgen?

Bei der Untersuchung der Forschungsfrage lehnte sich der Autor an die grundlegenden Fragen eines Forschungsprozesses an. Dabei stehen folgende Fragen im Zentrum: Was soll wie erforscht werden? Und wie zu welchem Zweck sollen die Ergebnisse verwendet werden? [115]

- Was soll untersucht werden?

  Im zu untersuchenden Bereich stehen die Unternehmensführung und die Informationen zu Sicherheit der Informationstechnik. In diesem Zusammenhang wurde durch entsprechende Literaturrecherche und Analyse von durchgeführten Studien festgestellt (Kapitel 1 und 2), dass eine Vielzahl an Managementkonzepten besteht, diese jedoch nicht einen eigentlichen Mehrwert für die Unternehmensführung zur Frage der Informationssicherheit darstellt. Die Lösung wird durch immer neuere und verbesserte Konzepte gesucht oder auch durch eine verstärkte technische Absicherung der Informationstechnologie. Im Rahmen dieses Buchs wird nicht versucht die Managementkonzepte zu verbessern oder festzustellen, wie sie genutzt werden. Vielmehr soll untersucht werden, ob und inwiefern die Unternehmensführung, die Konzepte und die Unternehmensbereiche untereinander Sicherheitsabhängigkeiten aufweisen.

---

[115] (Töpfer, 2010)

- Wie soll untersucht werden?

  Bei der Durchführung der Untersuchung steht eine methodische Vorgehens-weise im Fokus, welche zum Ziel hat eindeutige und objektive Ergebnisse zu liefern. Dabei kommt der Einhaltung der Qualitätskriterien eine hohe Bedeutung zu. Die methodischen Schritte sind dabei das Aufzeigen der Wirkungszusammenhänge, die Analyse sowie deren inhaltliche Beschreibung und die Klärung der menschlichen Akteure und deren Wirkung.

- Nutzen der Untersuchung?

  Der Nutzen liegt im Beitrag zur Lösung der Forschungsfrage. Dabei sollen Handlungsoptionen gebildet werden, welche eine praktische Umsetzung ermöglichen.

(2) Identifikation und Auswahl der Untersuchungselemente

Wie bereits in Kapitel 2.2 aufgezeigt kann die Anzahl der Managementkonzepte, Standards, Methoden und Instrumente im Umfeld der Sicherheit der Informationstechnologie und der Unternehemensführung nicht abschliessend beziffert werden. Auch ist deren Einsatz in den Unternehmen unterschiedlich. Da es somit nicht möglich ist, sich auf eine umfassende Erhebung zu stützen, werden kann wird für diese Untersuchung eine Teilmenge der möglichen Untersuchungselemente festgelegt. Darunter wird eine Menge aller Untersuchungselemente verstanden, welche für die Untersuchung relevante Eigenschaften besitzen, die die Gesamtheit möglichst genau darstellen. Diese Teilmenge einer Unternehmung stellt damit ein Subsystem des Systems Unternehmen dar.

Um diese Subsysteme festzulegen, orientierte sich der Autor an folgenden Fragen, die es zu beantworten galt:

- Über welche Organisationsbereiche sollen Aussagen gemacht werden können?

  Die Bestimmung der zu untersuchenden Organisationselemente erfolgte vor dem Hintergrund der Forschungsfrage. Dabei stellen die Unternehmensführung, der Betrieb sowie die Beurteilung und Aufrechterhaltung der Informationssicherheit die zu untersuchenden Bereiche dar. Dies sind Bereiche, welche direkt mit der Sicherheit der Informationstechnologie konfrontiert sind, wie dies bereits im Kapitel 1.2 beschrieben wurde. Die Interaktion der Unternehmung mit der Umwelt wird mit der Verbindung in den Markt/Kunden berücksichtigt. Weitere externe Verbindungen, z. B die Beziehung zu Partnern, weiteren Produktionsbereichen oder externen Behörden, sollen nicht betrachtet werden.

- Über welche Personengruppen sollen Aussagen gemacht werden können?

  Die Untersuchung zielt darauf ab die Interaktion zwischen den Menschen in den Organisationsbereichen zu analysieren. Dabei ist die Unternehmensführung als entscheidende Instanz für die Investitionen zur Sicherheit von zentraler Bedeutung.

- Welche Bedingungen der Teilmenge schränken eine Verallgemeinerung der Ergebnisse ein?

  Die Übertragbarkeit der Ergebnisse der Teilmenge auf alle möglichen Untersuchungselemente ist nicht möglich. Begründet ist dies durch die strukturellen Besonderheiten in Unternehmungen, wie die Komplexität bei der Wirkung der einzelnen Elemente untereinander. Im Weiteren basiert das Erstellen eines Wirkungsdiagramms auf einem wesentlichen Teil der Subjektivität des Autors. Wird die durchgeführte Analyse des Wirkungsdiagramms durch Dritte genutzt, ist dabei zu berücksichtigen, dass die Analysen durch den Autor selbstständig basierend auf seinen Erfahrungen und seinen persönlichen Interessen durchgeführt wurden. Bei einer weiteren Bearbeitung der Untersuchungsergebnisse sind diese einem Analyseteam zur Diskussion zu stellen; dies kann zu unterschiedlichen Perspektiven, Erfahrungen und weiteren Kenntnissen führen.

(3) Festlegung der zu untersuchenden Kriterien

Die zu untersuchenden Kriterien haben wie die Festlegung der Teilmenge einen wesentlichen Einfluss auf die Validität der Untersuchung. Um dem Rechnung zu tragen, orientiert sich die Untersuchung an den wesentlichen Merkmalen eines Regelkreises. Dabei werden die Elementen und kausalen Verbindungen wie auch die Regelgrössen (In-, und Output) betrachtet.

Daraus leiten sich folgende Fragestellungen ab, die es bei der Untersuchung der Regelkreise und deren Interaktion miteinander zu beantwortet gilt.

- Wie ist die grundlegende Funktion der Wirkungsschleife?
- Welche Kriterien / Regelgrössen und Kontrollmechanismen (Ist/-Soll) können festgestellt werden?
- Welche Abhängigkeiten und Wirkungen bestehen zwischen den einzelnen Elementen /Regelkreisen?
- Welche Führungsgrössen bestehen (z. B. Ziele, Pläne)?
- Welche Wirkungsweise haben die Managementkonzepte? Dabei werden lediglich die Konzepte COBIT, COSO, ISO/IEC 20000, 27000, 31000 betrachtet.

Hierbei sind die einzelnen Aspekte, welche die Situation darstellen, nur insoweit einzeln betrachtet worden, wie diese auf das System wirken und wie sie selbst dem Wirkungsfeld mit möglichen Wechselwirkungen ausgesetzt sind.

(4) Gestaltung der Regelkreise

Bislang wurde keine spezielle Darstellung im Sinne eines Wirkungsdiagramms veröffentlicht, welche die Sicherheit in der Informationstechnologie im Zusammenhang mit Managementkonzepten darstellt. Aus diesem Grund erstellte der Autor ein Wirkungsdiagramm einer fiktiven/generischen Unternehmung, im Kontext der zu untersuchenden Forschungsfrage. Das Wirkungsdiagramm zeigt eine ganzheitliche Sicht, welche die Situation der Unternehmensführung und der Informationssicherheit, nicht voneinander getrennt betrachtet. Das Erkennen von Beziehungen und die damit verbundene Wirkung stellen einen wichtigen Aspekt dar, um die benötigte, durch die Unternehmensführung einzunehmende Perspektive aufzuzeigen.

Im Weiteren ist zu berücksichtigen, dass in den einzelnen Regelkreisen und im gesamten Wirkungsdiagramm auch andere Bereiche der Unternehmung enthalten sind. Diese werden jedoch in der vorliegenden Untersuchung nicht betrachtet, da hier lediglich der Nachweis und das Beschreiben der Wirkungszusammenhänge zwischen der Unternehmensführung und der Informationssicherheit erbracht werden soll.

Die Gliederung des Systems *Unternehmen* orientiert sich an der klassischen Organisationstheorie. Es ist zu berücksichtigen, dass sich unter einer systemtheoretischen Betrachtung die einzelnen Regelkreise an einem übergeordneten Gesamtziel orientieren. Dieser Aspekt der Ausrichtung der einzelnen Ziele der Systemelemente auf das Gesamtziel des Systems hat bei der systemischen Betrachtung eine besondere Bedeutung. Dies ermöglicht dem System seine Funktion (Lebensfähigkeit) zu gewährleisten.[116]

Wie können die Wirkungszusammenhänge einfach dargestellt werden? Mit den spezifischen Applikationen wie z. B. Considio Modeler werden durch den Markt Instrumente angeboten, welche die komplexen Herausforderungen bei der Untersuchung von Wirkungszusammenhängen unterstützen. Im Weiteren können diese Instrumente laut Hersteller auch für Simulationen oder die Entwicklung von Szenarien genutzt werden. Da für die Untersuchung nur ein geringer Teil dieser Funktionalitäten und Möglichkeiten genutzt wird, entschied sich der Autor aufgrund der einfachen Bedienbarkeit bei der grafischen Umsetzung, das Instrument Microsoft Office einzusetzen.

(5 und 6) Wirkungszusammenhänge identifizieren und analysieren

Die identifizierung und Entwicklung von Zusammenhängen ist verwirrend. In der Untersuchung gilt es die Vielzahl der Wirkungszusammenhänge und die Komplexität in dem System Unternehmen zu reduzieren. Bei der Identifikation hilft die systematische Denkweise, mit der Erklärungen gefunden werden, warum sich ein System auf eine bestimmte Weise verhält. Der entscheidene Faktor ist dabei, das Verständnis von Kausalketten zu entwickeln und vor lauter Bäumen den Wald nicht aus den Augen zu verlieren. Die Realität muss in Einflusskreisen und nicht in geraden Linien gesehen

---

[116] (Luhmann, 1984), S.38

werden. Dazu sind fundierte Kenntnisse des zu untersuchenden Systems zwingend erforderlich.[117]

Um diese Sichtweise zu erhalten nutzte der Autor die folgenden Grundregeln:[118]

- Nicht zu viele Details berücksichtigen, Grenzen festlegen.
- Verbindungen der Elemente auf Beeinflussung hin untersuchen.
- Ergebnisse auf die Realität hin überprüfen.

Wird das Unternehmen als ein soziales System betrachtet, welches durch das Verhalten der Mitarbeitenden geprägt ist, so ist der Mitarbeitende (Mensch) zentraler Drehpunkt, welcher Systeme als solche erkennt und diese als Problemlöser verbessert. Wenn soziale Systeme verstanden werden sollen, müssen somit insbesondere auch die Wirkungszusammenhänge zwischen den Menschen verstanden werden, um eine gemeinsame Sicht auf das System entwickeln zu können.

Der Autor möchte aus diesem Grund die Unternehmensführung, in der Rolle des Entscheiders als Akteur im Umfeld der Informationssicherheit in Unternehmen näher beleuchten. Die Eigenschaften, Aufgaben und Perspektiven sowie mögliche Konfliktfelder sollen dabei aufgezeigt werden.

3.2. Entwicklung des Wirkungsdiagramms – Informationssicherheit und Unternehmensführung

Der Autor erläutert in diesem Kapitel einen Teilaspekt einer Unternehmung und deren Wirkung auf die Informationssicherheit in einem Wirkungsdiagramm und beschreibt die jeweiligen Feedbackschleifen. Dabei lag der Fokus bei der Beschreibung nicht auf einem einzelnen Element, sondern das Interesse galt der Beziehung zwischen den Elementen.

In Abbildung 15 wird durch den Autor ein Wirkungsdiagramm für die Informationssicherheit vorgeschlagen, welches das grobe Unternehmensmodell in Abbildung 1 in drei miteinander stabilisierenden Feedbackschleifen verfeinert darstellt und dabei deren Wirkungszusammenhänge aufzeigt.

Ausgangspunkt bei der Erstellung der grafischen Darstellung war dabei die grundlegende Feedbackschleife des unternehmerischen Wachstums.[119] Ergänzt wurde diese Schleife durch Überlegungen zur Serviceerstellung und der damit verbundenen Sicherheit und Risikobetrachtung. Eine Vorgehensweise bei der mit dem Unternehmenswachstum begonnen wurde hatte sich bewährt, da auf dieser allgemein gültigen stabilisierenden Feedbackschleife die Problemsituation gut modelliert werden konnte.

---

[117] (Senge, 2011), S.94
[118] (Sherwood, 2011), S.167, (Senge, 2011), S.115
[119] (Sherwood, 2011), S.183

Auch wenn das Wirkungsdiagramm auf den ersten Blick nicht ganz verständlich ist, ist die grundlegende Struktur mit den stabilisierenden Feedbackschleifen erkennbar. Beim Erstellen und der Analyse des Wirkungsdiagramms war das Identifizieren der stabilisierenden Feedbackschleifen für den Autor von zentraler Bedeutung. Dabei wurde das wesentliche Ziel verfolgt, die in der Realität bestehende Komplexität greifbar zu machen. Die aufgeführten Regelgrössen definieren die jeweilgen Systemgrenzen. Nach Auffassung des Autors wird mit den genutzten Input- und Output-Regelgrössen das betrachtete System umfassend ohne unnötige oder sachfremde Elemente dargestellt.

Das erstellte Wirkungsdiagramm ist das Arbeitsresultat der Schritte; Erfassen der Elemente und Beziehungen sowie das Verknüpfen der Elemente zu Regelkreisen. Abbildung 15 hat nicht den Anspruch, alle Eigenschaften der Unternehmung als System darzustellen. Die bewusste Reduktion ist Teil der eingesetzten Methode und die dargestellten Regelkreise mit ihrer Wirkung stehen im Mittelpunkt der Betrachtung.

Beim grafischen Erfassen der Elemente zu Feedbackschleifen (Regelkreisen) wurden durch den Autor zur Reduzierung der Komplexität der grafischen Darstellung und zur Abgrenzung des zu untersuchenden Bereichs folgende Aspekte im Wirkungsdiagramm bewusst ausser Acht gelassen:

- die Gewichtung positiver bzw. negativer Wirkungsrichtungen (gering, mittel, stark),
- der zeitliche Aspekte der Wirkungen (kurz-, mittel-, langfristig),
- weitere Aspekte, z. B. träge und kritische Elemente die im oder auf das System wirken.

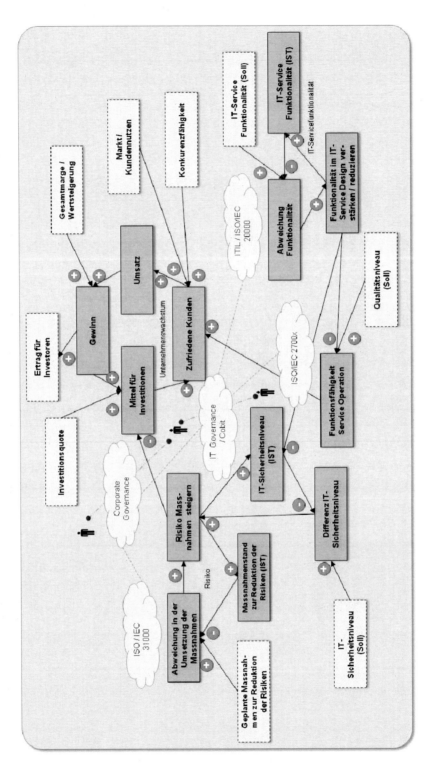

Abbildung 15: Wirkungsdiagram - Informationssicherheit und Unternehmensführung
Quelle: Eigene Darstellung

3.3.   Untersuchung der Feedbackschleifen als Teil des Wirkungsdiagramms

3.3.1.   Feedbackschleife - Unternehmenswachstum

Die stabilisierende Feedbackschleife *Unternehmenswachstum*, wie sie in Abbildung 16 dargestellt ist, stellt eine Detailansicht des gesamten Wirkungsdiagramms (Abbildung 15) dar. Die stabilisierende Feedbackschleife kann in dieser grundlegenden Darstellung in jedem Unternehmen erkannt werden und bildet dabei mit den vier Elementen das Zentrum des Unternehmens.

In der Literatur wird ein Unternehmen vereinfacht ausgedrückt als ein System von Ressourcen zur Wertsteigerung verstanden.[120] Dabei sind die unternehmerischen Prozesse als Transformatoren zu verstehen, welche den Input in Output transformieren.[121] Die auf diese Weise entstehende monetäre Differenz, wird als Wertschöpfung bezeichnet. Unternehmen streben grundsätzlich eine gleiche oder höhere Wertschöpfung mit einem steigenden Umsatz an, da in der Regel Unternehmen beabsichtigen, Gewinne zu erzielen.[122]

Mit der unternehmerischen Tätigkeit wird versucht, die Drehung dieser Feedback-schleife (positive Spirale) zu beschleunigen und dabei das Wachstum zu steigern.[123] Die wesentliche Aufgabe der Unternehmensführung in dieser Schleife besteht nach Johann Jirasek darin, die Elemente und Teilsysteme so festzulegen und zu gestalten, dass diese weitgehend autonom funktionieren. Der Einfluss der Unternehmensführung soll dabei nur bei Veränderungen der Rahmenbedingungen oder Regelgrössen benötigt werden.[124]

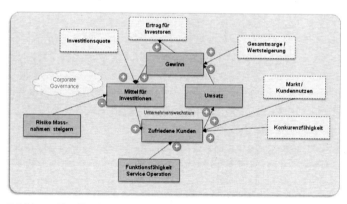

Abbildung 16:   Feedbackschleife Unternehmenswachstum
Quelle: Eigene Darstellung

---

[120] (Thommen, 1996), S.38

[121] (Becker, Kugeler, & Rosemann, 2003), S.6

[122] (Thommen, 1996), S.57

[123] (Sherwood, 2011), S.106

[124] (Jirasek & Mai, 1972), S.65

Die grundlegende Gestaltung dieser Feedbackschleife ist die Aufgabe der Unternehmensführung. Dabei wird die Unternehmensführung von der taktischen und operativen Ebene mit Informationen angereichert, um auf die auftretenden Abweichungen zwischen den Regelgrössen reagieren zu können. Um bei der Festlegung der Regelgrössen die unterschiedlichen Interessen und Notwendigkeiten zu berücksichtigen, nutzt die Unternehmensführung Managementkonzepte (Kapitel 2). So wird z. B. durch die Unternehmensführung mit dem Managementkonzept *Corporate Governance* die strategische Analyse und die Prognose für das Unternehmen erstellt.[125]

Elemente der Feedbackschleife - Unternehmenswachstum

Die Feedbackschleife *Unternehmenswachstum* wird, so wie sie durch den Autor erfasst wurde, durch zwei Elemente, aus anderen Feedbackschleifen, beeinflusst. Diese sind die *Funktionsfähigkeit des Service Operation* und das *Reduzieren oder Steigern von Risikomassnahmen*. Der Kundennutzen, die Konkurrenzfähigkeit, die Gesamtmarge, der Ertrag für Investoren und die Investitionsquote bilden dabei die Input- und Output-Regelgrössen.

Wirkungszusammenhang: Die Funktionsfähigkeit des Service Operation wirkt auf die Kundenzufriedenheit

Die Regelgrösse *Markt Kundennutzen* ist eines der zentralen Elemente welche das Unternehmen von aussen beeinflussen. Dies wird damit begründet, dass der Kunde (Markt) im Wesentlichen betroffen und abhängig ist von der Bereitstellung, Übernahme und Nutzung der betrieblichen Leistungserstellung. Kann die Zufriedenheit des Kunden erhöht werden, zeigt sich dies in der Feedbackschleife dadurch, dass der Umsatz erhöht werden kann.

Weiter zeigt die Feedbackschleife, dass mittels Festlegung der Regelgrösse *Investitionsquote* die Kunden und deren Zufriedenheit reguliert und beeinflusst werden. Durch diese Wirkungszusammenhänge wird sichtbar, dass die Zufriedenheit des Kunden eine wesentliche Kenngrösse für die Unternehmensführung sein muss. Mit dem Element *Zufriedener Kundenstamm* sind die Regelgrössen wie *Kundennutzen* und *Konkurrenzfähigkeit* eng miteinander verbunden und stehen in Beziehung zueinander. Die Qualität dieser Verbindungen sieht Fredmund Malik allein als erfolgschaffend an; sie sind für ihn auch die einzigen Elemente und Regelgrössen, die dabei nicht manipulierbar sind. Regelgrössen, die sich am Shareholder-Value und der Wertsteigerung orientieren, sind für die Steuerung, als Teil der Corporate Governance, zwar zu beachten, sind jedoch, durch ihre Beeinflussbarkeit, für das strategische Handeln der Unternehmensführung irreführend.[126]

Ein Blick in die reale Welt zeigt diese Verknüpfung - anhand eines Beispiels des Internetanbieters Amazon - und unterstützt dabei die Meinung von Fredmund Malik.

---

[125] (Gälweiler, 2005), S.26

[126] (Malik, m.o.o -Letter 6/08 - Funktionierendes Corporate Governance, 2008)

Beispiel: Wachstum durch Kundennutzen

Der Internethändler Amazon wollte seinen Marktanteil steigern und setzte diese strategische Vorgabe um. Eine Umsetzung, welche Wirkung zeigte. Mit einem Umsatzplus von 51 % legte das Unternehmen im zweiten Quartal 2011 ein sehr gutes Ergebnis vor. Im gleichen Zeitraum sank jedoch der Nettogewinn was mit Investitionen in Technik, Vertrieb und digitalen Inhalten begründet wurde. Die Kunden reagierten auf den gesteigerten Nutzen in Form von niedrigen Preisen, einer verbesserten Auswahl, reduzierten Lieferzeiten und Innovationen und sorgten damit für ein rasantes Wachstum.[127]

In den oben erklärten Wirkungszusammenhängen wurde die Frage der Sicherheit bewusst noch nicht angesprochen. Dass die Regelgrösse Kunde dennoch einen wesentlichen Zusammenhang zur Sicherheit aufweist, wird in Kapitel 3.3.2 in Verbindung mit der Servicefunktionalität aufgegriffen.

Wirkungszusammenhang: Risikomassnahmen reduzieren oder steigern wirkt auf die Mittel der Investitionen

Wie in Kapitel 1.1 erläutert, werden Unternehmen von der komplexeren Verflechtung der Informationstechnologie und dem damit verbundenen kontinuierlichen Wandel zunehmend beeinflusst. Veränderungen, welche sich auch auf die Risikokategorien der Unternehmungen auswirken, können dabei massgeblich auf die Zielerreichung der Unternehmung einwirken.

Ist eine Unternehmung im starken Mass von der Informationstechnologie abhängig, kann dies durch Bedrohungen, welche auf vorhandene Schwachstellen wirken, z. B. zu Unterbrechungen der betrieblichen Tätigkeit oder aber auch zu einem Ansehensverlust (Reputation) der Unternehmung führen. Dies sind Schäden, welche sich ungünstig auf das Umsatzergebnis auswirken können.

Mit dem stetigen Technologiewandel beschleunigt sich auch der Lebenszyklus, und die Infrastruktur und deren Sicherheit altert schneller. Eine Beschleunigung, bei welcher eine vermehrte und aufwendigere Abstimmung von älteren und neueren Systemen zu berücksichtigen ist. Es können sich dabei neue Schwachstellen und Bedrohungen zeigen, welche das Bild der Risiken verändern; Risiken, welchen es mit entspechenden Massnahmen zu begegnen gilt, will dass Unternehmen seine Wettbewerbsfähigkeit halten oder sogar ausbauen. Massnahmen, welche getroffen werden, um das Risiko in das gewünschte Niveau zu bringen, wirkten sich direkt auf die Mittel der Investitionen aus.

Medienberichte der letzten Zeit zeigen, dass der Markt und schliesslich der Kunde direkt vom Umgang mit den Schwachstellen und Bedrohungen der Informationstech-

---

[127] (Spiegel Online , 2011)

nologie betroffen sind. Dabei wird die Meinung des Kunden durch mögliche negativen Ereignisse beeinflusst. Folgend zwei Beispiele welche sich eher negativ auf den Kundennutzen auswirkten:

Beispiel: Kunden von UPC Cablecom offline

„[…] Kunden des Providers UPC Cablecom sind heute Morgen ab 8:30 Uhr schweizweit zwangsweise offline gewesen. Dies geht aus einer Meldung auf der Website hervor. Zuletzt machte das Unternehmen Mitte Februar ähnliche Negativschlagzeilen: 250'000 Kunden konnten am 13. Februar stundenlang nicht telefonieren[…]".[128]

Beispiel: Weiterhin Probleme für Bluewin-Nutzer

„[…] Seit Monaten haben Bluewin-Nutzer immer wieder Probleme beim Zugriff auf ihre E-Mails. Grund dafür ist, dass Swisscoms Server von Spam-Nachrichten an die Grenzen der Belastbarkeit gebracht werden, wie Sprecher Carsten Roetz gegenüber tagesanzeiger.ch einräumte. Leider können wir zum heutigen Zeitpunkt nicht ausschliessen, dass in den nächsten Wochen erneut Stabilitätsprobleme bei unserem E-Mail-Service auftreten, heisst es in einer E-Mail an Swisscom-Kunden[…]".[129]

Die Beispiele zeigen, dass die festgelegten Ziele der Informationssicherheit bezüglich der Verfügbarkeit durch solche Ereignisse beeinträchtigt werden.

Ein weiterer wesentlicher Aspekt für die Unternehmensführung ist das Erfolgspotenzial. Im allgemeinen können darunter alle erfolgsrelevanten Voraussetzungen verstanden werden, welche in den Unternehmen erarbeitet werden müssen, z. B. funktionierende Organisationen, kostengünstiger Betrieb sowie der Aufbau von sicheren Produktionskapazitäten.[130]

Unter Berücksichtigung der in Kapitel 1.1 beschriebenen Veränderungen der Technologie hat die Informationssicherheit einen wesentlichen Einfluss auf das Erfolgspotenzial. Dabei bezieht sich das Erfolgspotenzial auf neue Funktionalitäten, Produkte und deren Nutzer, die auf neuen Lösungstechnologien gründen. Wirkungszusammenhänge, zu welchen folglich auch der Kunde in Bezug gebracht werden kann. Somit lässt sich die Wichtigkeit der durch den Autor verwendeten Input-Regelgrössen wie Kundennutzen oder Konkurrenzfähigkeit in der Feedbackschleife erklären.

Wie in der Feedbackschleife erkennbar, besteht auch eine Verbindung zwischen der Investitionsquote als Input-Regelgrösse und der Kundenzufriedenheit. Dem Zusammenhang von Investitionen in der Informationstechnologie und einer verbesserten Kundenzufriedenheit war Gegenstand einer Studie aus dem Jahr 2012, bei der Daten

---

[128] NZZ-online 2012, Neue Zürcher Zeitung, in: http://www.nzz.ch/aktuell/panorama/250000-cablecom-telefonkunden-stundenlang-ohne-netz-1.15039885, 15.Mai 2012.

[129] NZZ-online 2012, Neue Zürcher Zeitung, in: http://www.nzz.ch/aktuell/digital/swisscom-bluewin-e-mail-spam-1.14856283, 15.Mai 2012.

[130] (Gälweiler, 2005), S.26

von rund 400 globalen Unternehmen in der Zeitspanne von 1998 bis 2003 analysiert wurden. Die publizierten Resultate zeigen auf, dass Investitionen in die Informationstechnologie insgesammt mehr bringen als Ausgaben für Werbemassnahmen oder Forschung und Entwicklung. Die durchgeführte Studie lässt erkennen, dass innovationen in der Informationstechnologien einen bedeutenden und positiven Effekt auf die Profitabilität der Unternehmen haben.[131]

Wirkungszusammenhang: Managementkonzepte wirken auf Regelgrössen

Werden die Anforderungen an IT-Governance mit dem Managementkonzept COBIT bearbeitet und umgesetzt, werden folglich die Unternehmensziele mit den IT-Zielen verknüpft. Damit unterliegt, auch die Sicherheit der Informationstechnologie einer möglichen Beeinflussung. Der Prozess *AP013 Manage Security* im COBIT 5 Framework hilft dabei den Aspekt der Sicherheit in Verbindung zu den strategischen Vorgaben zu bringen.

In der folgenden Abbildung wird die Sicherheit als eines der IT-Ziele (IT-related Goals) der primär relevanten Unternehmensziele, wie sie in COBIT5 festgehalten sind (Enterprise Goal), dargestellt.

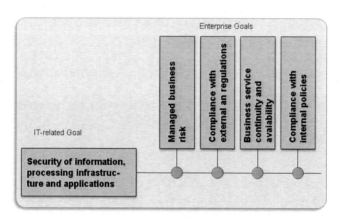

Abbildung 17:   IT-Sicherheitziel in Bezug auf Unternehmensziele
Quelle: Eigene Darstellung in Anlehnung an COBIT 5

Die in COBIT5 festgelegte Verbindung des Sicherheitsziels mit den Zielen der Unternehmung trägt dem benötigten Austausch an Informationen zwischen der strategischen und der operativen Führungstätigkeit Rechnung. Aus Sicht der Sicherheit stellt dies eine notwendige Voraussetzung dar, damit die Unternehmensführung für die langfristige Überlebensfähigkeit der Unternehmung einstehen kann. Ein Aspekt, welcher erklärt, dass die Unternehmensziele als Regelgrösse durch den Autor in der Feedbackschleife dargestellt wurden.

Sich an durchgängigen Zielen zu orientieren, ist das eine, es muss jedoch auch die Finanzierbarkeit berücksichtigt werden. So sind durch die Unternehmensführung in der

---

[131] (Mithas Sunil / Tafti Ali / Bardhan Indranil, 2012)

jährlich wiederkehrenden Investitionsplanung Entscheidungen zu treffen. Hier stellt sich der Unternehmensführung durch begrenzte Finanzmittel die Frage der Zuordnung auf die verschiedenen Investitionsprojekte. Eine Möglichkeit die Frage der Zuteilung zu klären, wird in den Unternehmen unter anderem mit der Wirtschaftlichkeitsrechnung gelöst. Dabei zeigt eine rückblickende Betrachtung, dass die Investitionen in die Informationssicherheit durch die Unternehmen oft als eine Art Risikoversicherung für die technischen Einrichtungen der Informationstechnologie betrachtet wurden. Diese Betrachtung hat sich in den vergangenen Jahren markant verändert. So sind heute z. B. in einer Wirtschaftlichkeitsbetrachtung nicht nur die Kosten, sondern auch deren Nutzen von zentraler Bedeutung. Dies lässt sich damit begründen, dass heute Informationen, welche durch die Informationstechnologie verarbeitet werden, innerhalb eines Unternehmens einen nicht unwesentlichen Produktionsfaktor darstellen.[132] Massnahmen für die Sicherheit, um die Daten, Informationen und Verarbeitungssysteme zu schützen, bilden einen Kostenfaktor. Ein Kostenfaktor welcher unter dem Blickwinkel der Investition und einem Restrisiko geplant werden muss. Die ökonomischen Fragestellungen zur Informationssicherheit entstehen im Rahmen der periodischen Planungs- und Überprüfungsaktivitäten zur Informationstechnologie. Dabei handelt es sich um Aktivitäten wie z. B. die Festlegung der Budgetanforderungen, die Behandlung von Risiken oder die Überprüfung der Effektivität und Effizienz von Massnahmen. Ob sich die Investitionen in die Sicherheit der Informationstechnologie lohnen, wird im Rechnungswesen, das sich auf die Informationstechnologie bezieht, unter zwei Perspektiven betrachtet; Kosten unter dem Aspekt *Total Cost of Ownership (TCO)*, Nutzen unter *Return on Investments (ROI)*.[133]

- Unter TCO werden Kosten wie z. B. Implementierungskosten oder Betrieb und Wartung der Informationstechnologie verstanden. Dabei wird die Kapitalwertmethode verwendet.

- Unter ROI wird die Investition unter Berücksichtigung der Amortisation betrachtet. Die Frage, ob sich eine Investition lohnt, soll dabei beantwortet werden. Im Rahmen der Sicherheit wird die Methode *Return on Security Investment (RoSI)* verwendet.

Die Anwendung der Methoden TCO und RoSI wird in der Literatur als ein wichtiger Schritt in Richtung nachweisbare Rentabilität von Massnahmen zur Informationssicherheit betrachtet. Durch die Schwierigkeit der Quantifizierbarkeit des Nutzens werden die Methoden jedoch als nur begrenzt anwendbar angesehen.[134]

Aus einem anderen Aspekt wird die Investition in die Informationstechnologie und deren Sicherheit mit dem Managementkonzept COSO betrachtet. Unternehmen innerhalb von Europa, welche in den Vereinigten Staaten an der Börse geführt werden,

---

[132] (Gadatsch & Mayer, 2010), S.34
[133] (Schadt, 2006), S.16
[134] Vgl. ebd., S.20

müssen mit der Einreichung des Jahresabschlusses *Compliance* nachweisen. Sie bescheinigen damit, dass ein wirksames internes Kontrollsystem existiert. Das Ziel CO-SO als Managementkonzept anzuwenden ist es, mit den im Managementkonzept dargestellten internen Überwachungskomponenten diese geforderte zuverlässige Finanzberichterstattung zu erreichen. Die Komponenten umfassen eine Risikobeurteilung, ein Kontrollumfeld, Kontrollaktivitäten, Information und Kommunikation sowie die Durchführung der Überwachung[135]. Der Aspekt der Sicherheit wird somit durch die Unternehmensführung nicht direkt betrachtet, da einzig die zuverlässige Erstellung der Finanzberichterstattung im Fokus liegt.

Indirekt kann jedoch gleichwohl ein Zusammenhang festgestellt werden. Wie bereits mehrfach erwähnt, ist die Informationstechnologie ein Bestandteil fast aller Geschäftsprozesse und somit auch bei der Umsetzung eines Kontrollsystems massgeblich beteiligt. Es wirkt sich somit auch auf den Betrieb und die Sicherheit der Informationstechnologie aus. Die bei der Ausführung der Geschäftsprozesse entstehenden Daten und Informationen werden mithilfe der Informationstechnologie verwaltet. Daten und Informationen, welche wiederum auch zum Teil die Grundlage für die Rechnungslegung sind. Dies ist ein nicht unproblematisches Zusammenwirken; so wird die Informationstechnologie mit 30 % als eine der Hauptquellen für Schwächen in internen Kontrollsystemen angegeben.[136]

Wirkungszusammenhang: Veränderungen in der Unternehmensführung wirken auf die Managementkonzepte

Auf den Aspekt der Unternehmensführung als eine durch einen Menschen wahrgenommene Funktion soll folgend eingegangen werden. Gerade der menschliche Faktor ist ein wesentlicher Teil und trägt dazu bei, wie komplex das Unternehmen als System darstellt und wahrgenommen wird.

Wie bereits in Kapitel 1.1 geschildert, sieht sich die Unternehmensleitung, in ihrer Aufgabe der Führung durch den Übergang von der Industrie- zur Informationsgesellschaft immer neueren Herausforderungen gegenüber. Dadurch ändern sich nicht nur die Ausführungsformen und Arbeitsinhalte, sondern auch die Führungsbeziehungen in den Unternehmen. Um den veränderten Herausforderungen an die Führung komplexer Organisationen gewachsen zu sein, müssen Führungskräfte heute in die Lage versetzt werden, alle relevanten Informationen für Entscheidungen umfassend und zum richtigen Zeitpunkt zu sehen beziehungsweise abrufen und darauf reagieren zu können.

Die Unternehmensführung setzt dabei individuell gestaltete Führungsmethoden (Strukturen und -Prozesse) ein. Dabei gestalten sich das Einnehmen einer integralen Sicht und die notwendige horizontale wie vertikale Abstimmung, als schwierig. Entsprechend nutzt die Unternehmensleitung, wie in der Praxis festgestellt wird, Theorien, Modelle oder Konzepte, welche den Begriff Management verwenden. Doch nicht alles, was als Management bezeichnet wird, sind wirklich Managementmethoden. So fokus-

---

[135] (Brünger, 2009)
[136] (Rüter, Schröder, Göldner, & Niebuhr, 2010), S.100

sieren diese nicht auf Managementbereiche, sondern mehr auf die Fach- oder Sachbereiche wie zum Beispiel Qualität und, Sicherheit.[137] Dabei ist der Wert des einzelnen Themenfeldes ebenso von Bedeutung wie der Überblick über die Abhängigkeiten der unterschiedlichen Einflussbereiche. Viele klassische Instrumente/Methoden der Unternehmensführung sind dieser Situation nicht mehr gewachsen. „Die Instrumententafel des Management-Cockpits hat sich dramatisch erweitert. Diese Situation stellt nicht nur eine zusätzliche Risiken und Herausforderung für das Management dar, sondern bietet vor allem auch zusätzliche Chancen".[138]

Welche Managementkonzepte der Unternehmensführung am geeignetsten erscheinen, um auf den neuen Anforderungen und Beeinflussungen begegnen zu können, zeigt eine internationale Studie von Darell Rigby von der Unternehmensberatung Bain & Company. Dabei gehen die befragten Führungskräfte von einer langfristig andauernden Veränderung aus. Eine Situation, die zur Verunsicherung führt und sich auch im Gebrauch der Managementkonzepte widerspiegelt. So äussert sich die Führungskräfte in der Befragung kritisch gegenüber den Führungskonzepten und zeigen eine gewisse Ernüchterung gegenüber diesen oft hochgelobten Methoden. Die meisten Instrumente folgten einfach dem gesunden Menschenverstand.[139]

Dies hat vermutlich auch damit zu tun, dass die Managementkonzepte in einem bestimmten Kontext zum jeweiligen Umfeld standen und zur generellen Wirtschaftslage entwickelt wurden. Ändert sich diese, ändern sich auch die Einflussfaktoren, welche auf die Unternehmen einwirken und das eingesetzte Managementkonzept kann dadurch an Nutzen verlieren. Die Unternehmensführung wird in ihren Aufgaben nicht mehr in der Form unterstützt, wie dies durch die Entwickler der Managementkonzepte angedacht wurde. Managementkonzepte haben einen Lebenszyklus, auf den die rasante Entwicklung der Informationstechnologie verstärkend einwirkt. Am Beispiel Amazon als Internetanbieter lässt sich dies gut aufzeigen. Amazon nutzte die neue Informationstechnologie *Internet* und veränderte damit die ganze Branche des Buchhandels und die damit verbundenen Managementkonzepte. So hat z. B. die Differenzierung oder eine Kostenführerschaft für die Unternehmensführung im Buchhandel plötzlich eine andere Bedeutung, welche sich somit auch auf den Nutzen der eingesetzten Managementkonzepte auswirkt.

3.3.2. Feedbackschleife IT-Service Funktionalität

Wie in der Praxis beobachtbar, verschwimmen die Grenzen zwischen reinen Dienstleistungen (erbrachte Leistung zur Befriedigung eines Bedürfnisses immaterieller Natur) und Sachleistungen (bestimmte Funktionen, beinhalten konkrete Services materieller Natur) zusehends. Das bedeutet, dass die meisten angebotsorientierten Ser-

---

[137] (Löbel, Schröger, & Closhen, 2005), S.91

[138] Lünendonk Thomas / Zillmann Mario 2009, Integrierte Unternehmenssteuerung, Trendstudie 2009/2010.

[139] (Kuhn, 2009)

vices in einem Bereich zwischen reinen Sachleistungen und reinen Dienstleistungen anzusiedeln sind.

In diesem Buch wird unter einem Service dementsprechend eine Konfiguration von Leistungszusagen (Rollen, Prozesse, Technologien) seitens des Serviceerbringers hinsichtlich Funktionen, Leistung und Performance gegenüber einem oder mehreren Kunden verstanden. Unter der Funktionalität im Bereich der Informationstechnologie werden die Eigenschaften und Fähigkeiten eines Services oder Produktes verstanden, welche sie erfüllt oder zu welcher man sie gebrauchen kann, z. B. Funktionen beim elektronischen Zahlungsverkehr, oder Funktionen Ablage und Sicherung von Daten. Die Servicefunktionalität stellt einen Wert für Kunden dar, welcher in Vereinbarungen zwischen dem Serviceersteller (IT-Fachbereich) und dem Kunden festgehalten wird.

Welche Stossrichtung bei der Serviceerstellung zu verfolgen ist, wird durch die Unternehmensführung in der Corporate Governance mit der strategischen Serviceorientierung festgelegt. Durch die IT-Governance werden diese Vorgaben übernommen. Dabei verfolgt IT-Governance das Ziel die IT-Strategie und Teilstrategien in einer engen Abstimmung mit den Organisationsbereichen festzulegen. Abgeleitet daraus wird im Anforderungsmanagement (Requirements Management) festgelegt, bei welchen Serviceanforderungen die festgelegten IT-Services definiert werden. Die IT-Fachbereiche betreiben ein IT-Service Management und setzen an diesem Punkt an, um Dienstleistungen abzustimmen. Der daraus entwickelte Servicekatalog legt dabei den Rahmen der Tätigkeiten der IT-Fachbereiche fest, wobei die ServiceaAnforderungen in den Prozessen der IT-Fachbereiche und entlang der IT-Infrastruktur umgesetzt werden. Dabei stellt die Ausgestaltung und der Umgang mit der IT-Service Funktionalität in der Entwicklung des Services eine Teilaktivität dar.

Die stabilisierende Feedbackschleife IT-Service Funktionalität, wie sie nachfolgend in Abbildung 18 dargestellt ist, bildet einen Detailausschnitt des Wirkungsdiagramms (Abbildung 15) .

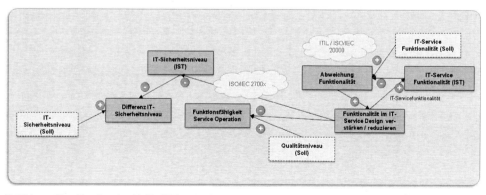

Abbildung 18:   Feedbackschleife IT-Servicefunktionalität
                Quelle: Eigene Darstellung

Elemente der Feedbackschleife - IT-Service Funktionalität

Die Feedbackschleife *IT-Service Funktionalität* wirkt sich auf zwei Elemente im Wirkungsdiagramm aus. Das Element *Funktionalität im IT-Service Design verstärken* wirkt einerseits auf die Funktionsfähigkeit der Service Operation, andererseits auf das IT-Sicherheitsniveau. Die zu erreichende IT-Servicefunktionalität bildet die Input- Regelgrösse zur Feedbackschleife.

Wirkungszusammenhang: Funktionalität im IT-Service Design verstärken, wirkt auf die Funktionsfähigkeit der Service Operation und das IT- Sicherheitsniveau (Ist)

Die rasante Geschwindigkeit von Veränderungen im Bereich der Informationstechnologie lässt sich z. B. bei den Shared Service-Infrastrukturen, Social Media oder den Cloud-Services[140] erkennen. Mit den damit verbundenen neuen Funktionen und Nutzungsmöglichkeiten wirken sich diese bei der Implementierung auf die Informationstechnologie aus. So sind Anforderungen und Ziele aus der IT-Governance verbunden mit der Input-Regelgrösse *IT Funktionalitäten Soll*, welche via Feedbackschleife auf die Funktionsfähigkeit der IT-Service Operation wirkt. Verfolgt man die Wirkung weiter, lässt sich erkennen, dass sich dies folglich auch auf den Kunden auswirkt. So ist z. B. Cloud Computing heute in aller Munde und wird von den Service-Erbringern (Provider) als neuartige Technologie der nächsten Generation angepriesen. Dabei wird durch die Verschiebung der IT-Ressource eine wesentliche Veränderung der IT-Landschaft erwartet. Dies sind jedenfalls Prognosen, die in den Fachmedien veröffentlicht werden. Laut einer Studie von Capgemini sind je nach Unternehmensbereich bereits 25 % auf den Zug aufgesprungen und es wurden eigene Clouds aufgebaut.[141] Ohne hier weiter vertieft in das Cloud-Thema einzutauchen, sieht der Autor in dieser Entwicklung einen wesentlichen und zu berücksichtigenden Zusammenhang mit der Feedbackschleife, *IT-Service Funktionalität* wie aber auch in der Feedbackschleife *Unternehmenswachstum*. Dies wird damit begründet, dass durch die vielfältigen Standpunkte zu neuen Service-Funktionen wie z. B. beim Thema Cloud, neben den Möglichkeiten aber auch die Risiken zu technologischen und wirtschaftlichen Aspekten, zu berücksichtigen sind. Neue Geschäftsideen für die Branche der Informationstechnologie, welche dabei nicht scharf zwischen dem Kunden und Erbringer abgegrenzt werden, stehen in Konfrontation zu den Kundenerwartungen. Dabei spielt die Sicherheit der Informationstechnik in den laufenden Diskussionen eine zentrale Rolle. Hintergrund ist die steigende Verflechtung der Informationstechnologie in den Unternehmensabläufen wie dies bereits in Kapitel 1.1 erläutert wurde.

Um die Anforderungen an Funktionalitäten umsetzen zu können, wird von den IT-Fachbereichen eine agile, flexible Arbeitsweise verlangt, ohne dabei die Kontrolle über

---

[140] Für die Bedeutung, dass IT-Infrastrukturen dynamisch an den Bedarf angepasst über ein Netzwerk zur Verfügung gestellt werden, wie auch für den Begriff IT-Dienstleistung haben sich in der betrieblichen Praxis die englisch sprachlichen Bezeichnung Cloud Computing und Cloud Services etabliert. Die Begriffe werden in dieser Arbeit synonym verwendet.

[141] (Capgemini, 2012)

die steigende Anzahl an Funktionen zu verlieren. Was an technischen wie organisatorischen Einrichtungen benötigt wird, um Funktionen eines Services zu erbringen, interessiert den Kunden nicht. Gerade jedoch für die Fachbereiche der Informationstechnologie in den Unternehmungen ist das Zusammenwirken von unterschiedlichen Leistungen und Kompetenzen mit dem Kunden ein Erfolgsfaktor. Dies ist auch eines der zentralen Anliegen der Managementkonzepte wie ITIL oder ISO/IEC 20000.

Oberflächlich betrachtet scheint dies nicht etwas sonderlich Bewegendes zu sein. Für die IT-Fachbereiche wird es jedoch mit den darunterliegenden Prozessen möglich die Informationstechnologie im Bereich der Service Operation mit den Kunden und deren Geschäftsaktivitäten direkt in Verbindung zu bringen. Eine Verbindung, welche sich auch erkennbar auf das Sicherheitsniveau auswirkt. So werden durch das Sicherheitsmanagement ähnliche oder gleiche Ziele verfolgt wie z. B. das Erfassen von Sicherheitsvorfällen, Reaktionsfähigkeit oder die Autorisierungsvergabe. Damit nimmt der Fachbereich Funktionen des Sicherheitsmanagements wahr, indem er Vorgaben der Sicherheit der Informationstechnologie umsetzt.

Die rein technologische Fokussierung wandelt sich zur Kundenorientierung mit der Fähigkeit, Anforderung der Nutzer schnell zu erfüllen und sich den Veränderungen des Umfeldes anzupassen. Dabei werden durch die Managementkonzepte auch vermehrt die Mitarbeitenden ins Zentrum gerückt. Dies unterstützt die Bemühungen der Fachbereiche der Informationstechnologie beim strategischen Wandel. Der Mitarbeitende soll sich mit seiner Tätigkeit und dem daraus resultierenden Services besser identifizieren können. Ein Bewusstsein welches auch eine Wirkung bei der Verstärkung Funktionalität im IT-Service Design auf dem IT-Sicherheitsniveau zeigen kann.

Diese Herausforderungen und Möglichkeiten wurden durch Capgemini in einer IT-Trendstudie untersucht. Es wurde die Frage gestellt: Was sind die wichtigsten Anforderungen an die Informationstechnologie für das eigene Unternehmen für das Jahr 2012? Dabei zeigt sich, dass der Hauptfokus (58,8 %) in der Effizienzsteigerung liegt. Die Verbesserung der Interaktion mit dem Kunden wird dabei lediglich mit 16,7 % und die zur Steigerung der Sicherheit in der Informationstechnologie mit 5,8 % angegeben.[142] Auch wenn die Resultate der Studie nicht in der Tiefe analysiert wurden, sind die Abweichungen zu den Wirkungszusammenhängen erkennbar.

Wirkungszusammenhang: Managementkonzepte wirken auf Regelgrössen

Wurde noch vor einigen Jahren von Produkten der Informationstechnologie gesprochen so hat sich in der jüngsten Zeit der Begriff Service auch im Bereich der Informationstechnologie etabliert. Dabei haben die Managementkonzepte wie ITIL oder die daraus abgeleitete ISO/IEC 20000 Norm wesentlich dazu beigetragen. Beim Einsatz der Managementkonzepte ist ein klarer Trend erkennbar. So ergab eine Umfrage durch die Firma Materna, dass 94 % der befragten Unternehmen ITIL einsetzen, im

---

[142] (Capgemini, 2012)

Jahr 2005 waren es erst 50 %.[143] Auf vergleichbare Werte kommt Rob England; er hat mehrere Studien zusammenfassend untersucht.[144]

Die Informationstechnologien in der Entwicklung und im Betrieb von IT-Systemen zu beherrschen, genügt nicht mehr, um den wachsenden Anforderungen an die Informationssicherheit im stetigen Wandel gerecht zu werden. Das Zusammenwirken der IT-Prozess untereinander mit spezifischen Leistungen, wie aber auch das bereichsübergreifende zusammenwirken, beeinflussen den Erfolg der Informationstechnologie und der Informationssicherheit immer stärker. Mit der Implementierung von standardisierten Prozessen sollen die Leistungen wie die Zusammenarbeit transparent und steuerbar gemacht werden. Dies immer mit dem Ziel die Anforderungen ihrer Kunden zu verstehen und die Services mit den Funktionen konsequent darauf ausrichten.

Um mit diesen Anforderungen und Beeinflussungen umgehen zu können, bietet sich den Fachbereichen der Informationstechnologie das Managementkonzept ITIL an. ITIL ist ein Best Practice-Referenzmodell mit bewährten Praktiken in der Prozessgestaltung. ITIL sieht bei IT-Serviceprozessen die Aspekte der Sicherheit als unverzichtbaren Bestandteil eines ordnungsgemässen IT-Betriebs an. Das Best Practice-Referenzmodell bietet somit die Grundlage, Abhängigkeiten und Verbindungen in Bezug auf die Sicherheitsanforderungen zwischen Geschäfts- und IT-Prozessen zu erkennen und Synergiepotenziale zu nutzen.[145] Mit dem festgelegten Sicherheitsmanagement wird das Ziel verfolgt, die IT-Sicherheit der Geschäftsbereiche abzustimmen und den effektiven Umgang mit der Sicherheit für Services sicherzustellen.[146] Die nach ITIL frei zu interpretierenden zu gestaltenden Prozesse werden mit der ISO/IEC 20000 festgelegt. So werden beim Standard ISO/IEC 20000 nicht nur Anforderungen an den Service geregelt sondern es werden auch verbindliche Vorgaben für die Sicherheit und das Beziehungsmanagement festgelegt. Dies ermöglicht es die Ziele für die Umsetzung in den IT-Fachbereichen besser zu steuern. Die Sicherheit wird bei ITIL wie auch bei ISO 20000 aus betrieblicher Sicht betrachtet und grenzt sich von der Sicherheit, wie sie in der Corporate Governance besprochen wird ab.

3.3.3. Feedbackschleife-Risiko

Die unternehmerischen Tätigkeiten sind immer mit einem bestimmten Anteil an Unsicherheit behaftet. Die Unternehmensführung ist gefordert Entscheidungen zu fällen, bei denen die Unsicherheiten als Risiken erkannt und Handlungsoptionen abgewogen werden müssen. Die in Abbildung 19 dargestellte Feedbackschleife *Risiko* stellt die geplanten Massnahmen zur Reduktion der Risiken als Regelgrösse dar. Die in der Feedbackschleife benutzten Elemente zeigen die grundlegenden Kriterien, welche es bei der Bearbeitung von Risiken zu berücksichtigen gilt.

---

[143] (Materna AG, 2010)

[144] (England, 2011)

[145] (Bundesamt für Sicherheit ind der Informationstechnik (BSI))

[146] (Office of Government Commerce (OGC), 2007)

Eine generelle Risiko-Aussage für ein Unternehmen wird in der Corporate Governance in Form einer Risikopolitik festgelegt. Dies bildet der Rahmen und verfolgt das Ziel, ein Unternehmen zu sichern und den Wert der Unternehmung nachhaltig zu steigern. Dabei müssen Risiken bewusst getragen und gesteuert werden. Das Zuordnen und der Umgang mit Risiken sowie potentzielle Gefahren vorausschauend zu erkennen, sind die wesentlichen Faktoren, mit denen die Unternehmensführung die geplanten Massnahmen zur Reduktion der Risiken als Regelgrösse festlegt.[147] Wie es der Unternehmensführung gelingt, mit den vorhandenen Risiken umzugehen, beeinflusst, wie die Unternehmensführung das Unternehmen als System gestalten und formen kann. Wie im Wirkungsdiagramm erkennbar, können neben den allgemeinen Risiken eines Unternehmens auch Risiken aus Wirkungszusammenhängen oder Querschnittsthemen einen Einfluss auf das Unternehmen haben, welche es somit auch zu berücksichtigen gilt. Eine Befragung in deutschen Unternehmen zeigt jedoch, dass sich Unternehmen zurzeit noch mehrheitlich an einzelnen Themenbereichen wie z. B. an strategischen oder finanziellen Risiken orientieren.[148] Nicht nur die Art der Risiken, sondern auch die Anzahl der Bereiche, welche sich in Unternehmen mit Risiken befassen, beeinflusst die Unternehmensführung bei der Frage, welche Massnahmen zu treffen sind. So betrachten z.B. die Bereiche des Controllings das Thema eher unter dem planerischen Gesichtspunkt die operativen Bereiche sehen es hingegen unter einem kurzfristigen Aspekt.

Wie stark das Element *Risikomassnahmen steigern* durch den Aspekt der Sicherheit beeinflusst wird, hängt im wesentlichen von den erkannten Sicherheitsgefahren ab. Das Mass wie mit diesen Bedrohungen und Schwachstellen umgegangen wird, ist durch die festgelegte Regelgrösse *IT-Sicherheitsniveau Soll* festgelegt. Dies stellt jedoch nicht die einzige Regelgrösse in diesem Wirkungszusammenhang dar. Das Element *Risikomassnahmen steigern* wird durch die Input-Regelgrösse *Geplante Massnahmen zur Reduktion der Risiken* beeinflusst. Werden z. B. durch die Unternehmensführung die Risiken durch die wirtschaftlichen Rahmenbedingungen eher moderat gehalten, so wirkt sich dies auf das IT-Sicherheitsniveau aus und es kann zu Konflikten mit der Regelgrösse *IT-Sicherheitsniveau Soll* führen.

---

[147] (Königs, 2009), S.59-63
[148] (Düren, Bürger, & Tilch, 2011)

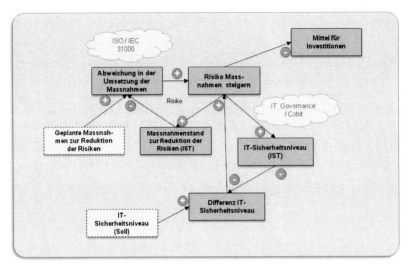

Abbildung 19: Feedbackschleife Risiko
Quelle: Eigene Darstellung

Elemente der Feedbackschleife - Risiko

Die Feedbackschleife *Risiko* wirkt sich auf zwei Elemente im Wirkungsdiagramm aus. Das Element *Risikomassnahmen reduzieren oder steigern* wirkt einerseits auf die Mittel der Investitionen welche bereits unter Kapitel 3.3.1 betrachtet wurden. Von Interesse sind folglich die Wirkungen auf die Elemente *IT-Sicherheitsniveau IST* und *Differenz IT- Sicherheitsniveau*. Die geplanten Massnahmen zur Reduktion der Risiken bilden die Input- Regelgrösse zur Feedbackschleife.

Risikomassnahmen steigern wirkt auf *IT-Sicherheitsniveau (IST)* und wird seinerseits durch die *Differenz IT-Sicherheitsniveau* beeinflusst.

Kenntnisse über Risiken und deren Wirkung sind die Voraussetzung für angemessene Gegenmassnahmen. Der Markt wie das wirtschaftliche Umfeld wirken sich direkt auf die Unternehmen aus, wie dies auch in der Feedbackschleife *Unternehmenswachstum* aufgezeigt wurde. So beeinflussen z. B. mögliche Budgetkürzungen nicht nur die Investitionen in neue Services, sie werden sich auch bei den IT- und Sicherheitsbudgets bemerkbar machen. So stellen z. B. zurückgestellte Sicherheitsprojekte, oder ein Abbau an Ressourcen Risiken dar.

Im Rahmen des IT-Sicherheitsmanagements müssen die kritischen Informationstechnologien auf ungeplante wie periodische Ausfälle hin überprüft werden. Eine Beurteilung legt folgend die Basis, um angemessene Massnahmen einzuleiten wie z. B. die Verfügbarkeit zu erhöhen oder die allgemeine Sensibilisierung der Mitarbeitenden zu verstärken. Fast in allen Unternehmen werden heute technische und organisatorische Massnahmen umgesetzt, je nach dem geforderten Sicherheitsniveau oder den vorhandenen finanziellen Mitteln. In wirtschaftlich scheren Momenten ist es nachvollziehbar, dass die Steigerung der Sicherheitsrisikomassnahmen eher geringe Priorität hat. Dies wird dadurch begründet, dass es mit den heutigen Managementkonzepten problematisch ist, ein ROI für die Sicherheitsmassnahmen nachzuweisen. Ein Mehrwert der Sicherheit kann nicht immer eindeutig identifiziert werden. So führen reduzierte Sicherheitsmassnahmen zu einer *Differenz IT-Sicherheitsniveau* welches wiederum zu veränderten Risiken führt.

Bei der Festlegung der Risikomassnahmen gilt es im Weiteren zu berücksichtigen, dass es für identifizierte und analysierte Risiken immer mehrere Massnahmen gibt. Auch beeinflussen sich die Massnahmen gegenseitig, da Risiken vielfach die gleichen Ursachen aufweisen. So ist das Element *Steigerung der Risikomassnahmen* nicht nur aus technischer Sicht zu betrachten. Die IT-Funktionalitäten ermöglichen es, dass der Arbeitsplatz z. B. in das heimische Arbeitszimmer, ins Restaurant oder die Abflughalle des Flughafens mit entsprechenden Verbindungsmöglichkeiten zum Internet (Hot Spots) verlegt wird. Ein Sicherheitskonzept mit benötigten Massnahmen muss diesem veränderten Nutzerverhalten Rechnung tragen und dabei nicht nur technische, sondern auch organisatorische Massnahmen berücksichtigen, um auf Sicherheitsrisiken angemessen reagieren zu können. Wie technische Funktionalitäten auf unternehmerische Risiken wirken, ist unter anderem bei der Nutzung von Social Media zu erkennen. Social Media ist eine Funktionalität, welche in vielen Unternehmen benutzt wird und das Risiko der Reputation beeinflusst. Unternehmen haben die Problematik erkannt. Bei einer Umsetzung wird dies jedoch von einer geringen Anzahl an Unternehmen im Risikomanagementprozess berücksichtigt.[149] So schätzen in einer Studie der KPMG 81 % der befragten Unternehmen die Bedeutung des Risikomanagements als hoch bis sehr hoch ein. Auch wird erkannt, dass für eine risikoorientierte Unternehmenssteuerung alle wesentlichen Risiken vollständig abgebildet werden müssen. Laut der Studie werden jedoch Organisations übergreifende und eher prozessuale Themenbereiche wie z. B. Informationstechnologie oder Nachhaltigkeit bei Massnahmen selten berücksichtigt.[150] Der Autor sieht in der geringen Berücksichtigung einen Widerspruch zu den angestrebten Zielsetzungen von Unternehmen wie z. B. Verhinderung der Schäden oder das Aufspüren von Verlustquellen, welche mit den eingeleiteten Massnahmen zur Risikobearbeitung verfolgt werden. Wie im Wirkungsdiagramm erkennbar, ist die Informationssicherheit in Anbetracht der engen Verflechtung der Informationstechnologie mit den unternehmerischen Tätigkeiten ein wesentlicher Faktor, um die festgelegten Ziele zu erreichen. Eine Diskrepanz, welche auch in der Studie von Teuermann und Ebner erkennbar ist, welche das Risikomanagement in österreichischen Unternehmen untersuchte.[151]

Wirkungszusammenhang: Managementkonzepte wirken auf Regelgrössen

Unternehmerische Risiken müssen erkannt und für die Unternehmensführung verständlich sein. Je nach Branche werden mathematische Modelle genutzt, dabei werden vor allem die finanziellen Aspekte der Unternehmung bewertet. Quantitative Finanzmodelle werden dabei vor allem durch Spezialisten erstellt und bilden folglich die

---

[149] (Neubauer, Hofmann, & Romeike, 2011)

[150] (Düren, Bürger, & Tilch, 2011)

[151] (Teuermann & Ebner, 2012)

Basis für die abgeleitete Risikobewertung. Die Gefahr bei diesem Vorgehen besteht dabei, dass die Risikobewertungen dadurch nur noch für Fachspezialisten verständlich sind. Eine Risikobewertung, welche grundsätzlich zur Klärung der Frage dient, ob die Massnahmen zur Reduktion der Risiken gesteigert werden sollen oder nicht. Wie das Wirkungsdiagramm erahnen lässt, hängt die Frage, wie viel in Massnahmen für die Reduktion der Sicherheitsrisiken investiert werden soll, oft von komplexen Bedingungen ab. Um ein grundsätzliches Vorgehen bei der Entscheidungsfindung festlegen zu können, kann sich die Unternehmensführung an Managementkonzepten wie z. B. der internationalen anerkannten Norm ISO/IEC 31000 orientieren. Dabei stellt die ISO/IEC 31000 das Thema nicht neu in Frage, sondern liefert auf Basis eines Best Practice-Ansatzes ein technisch orientiertes Risikomanagementkonzept. Mit der Bearbeitung der Risiken der Informationssicherheit wird diese auch häufig mit den Begriffen Betriebsunterbrechung oder Krisenmanagement in Verbindung gebracht, welche jedoch in der ISO/IEC 31000 nicht eingebunden sind.

Aus Sicht der unterschiedlichen Managementkonzepte wird durch die Unternehmung versucht, den gestiegenen Anforderungen an die Sicherheit der Informationstechnologie durch Einzelmassnahmen, getragen von jeweiligen Managementkonzept in den unterschiedlichen Unternehmensbereichen, zu begegnen. Diese Massnahmen adressieren jedoch oft nur einzelne Aspekte oder Teilbereiche. So wird mit der Ausfallsicherheit der Netzwerke der Servicequalität Rechnung getragen, während die interne Revision die Ausfallsicherheit der IT-Systeme aus der Perspektive der Ordnungsmässigkeit und den benötigten Kontrollen betrachtet. In beiden Fällen wird eine Betrachtung der Risiken vorgenommen. Allerdings mangelt es daran, die Wirkungszusammenhänge zu erkennen, um eine abgestimmte Vorgehensweise zu entwickeln, welche es ermöglicht, alle Aspekte zu berücksichtigen und Massnahmen auf Ziele und Anforderungen auszurichten. Eine Ausrichtung an gemeinsamen Risiken würde es ermöglichen die einzelnen Aspekte zusammenzufassen und gleichwohl die spezifischen Managementkonzepte einzusetzen. Doppelspurigkeiten sollen dabei jedoch vermieden werden, um sicherzustellen, dass Entscheidungen der Unternehmensführung vor dem Hintergrund einheitlichen und abgestimmten Basis von Daten und Informationen gefällt werden können.

3.4.   Untersuchung der Kommunikation im Wirkungsdiagramm

Die Organisation, die Prozesse sowie die genutzten Managementkonzepte beschreiben und dokumentieren, wie die Unternehmung zu funktionieren hat. Wie dies umgesetzt werden kann, wird durch die Menschen, welche in die Strukturen eingebunden sind, beeinflusst. Diese Beeinflussung soll im folgenden betrachtet werden. Der Autor beleuchtet in diesem Kapitel die Kommunikation zwischen der Unternehmensführung und dem Fachbereich der Sicherheit.

Eine allgemeingültige Definition des Begriffs Kommunikation existiert nicht, da dieser durch Wissenschaftsbereiche wie z. B. Medien-, und Informationswissenschaft, Psychologie und die Informatik unterschiedlich festgelegt und benutzt wird. Für die vorliegende Untersuchung wird der Begriff der Kommunikation wie folgt festgelegt. Daten und Informationen zur Sicherheit der Informationstechnologie werden als *Sachinhalt* durch den *Sender*, den Verantwortlichen der IT-Sicherheit, an den *Empfänger*, die Unternehmensführung über ein *Vermittlungsmedium* wie z. B. einen Sicherheitsbericht oder Kennzahlenreport übertragen. Dies stellt eine direkte Kommunikation zwischen zwei Menschen dar.[152]

Die Managementkonzepte unterstützen die Unternehmensführung in ihren Aufgaben, wobei eine Kommunikation betrieben wird, in welcher die Daten und Informationen zwischen den Elementen *Sender* und *Empfänger* übertragen werden. Durch die Managementkonzepte wird die Kommunikation in Form eines Reports oder Berichtes dargestellt, jedoch das Unternehmen als komplexes System ausser Acht gelassen. Dabei spielen das vorhandene Know-how, der Führungsstil und die genutzten Managementkonzepte eine nicht unwesentliche Rolle. In welcher Weise die Kommunikation stattfindet, fördert oder hindert dabei das Zusammenwirken der Elemente und letztlich, wie die Informationen zur Sicherheit der Informationstechnologie durch die Unternehmensführung genutzt werden können. Die Unternehmensführung als Mensch spielt dabei eine zentrale Rolle. Hier sind die Wertvorstellungen, die persönlichen Ziele oder die Belastbarkeit in hektischen Situationen entscheidende Kriterien ob eine Information zur Sicherheit der Informationstechnologie durch die Unternehmensführung positiv oder negativ aufgenommen wird. Auch nicht unwesentlich sind Aspekte wie die genutzten Führungsmodelle, die Sicherheitsorganisation und deren Einbindung in die Unternehmensorganisation. Maria Pruckner, die sich seit 30 Jahren mit der Unternehmensführung in komplexen Systemen auseinandersetzt, unterstützt die Aussage, dass die Unternehmensführung einen wesentlichen Faktor bei einem systemischen Denken in Unternehmen darstellt. Sie äussert sich jedoch auf die Frage zum heutigen Stand der Unternehmensführung und deren Wissen über die Wirkungszusammenhänge (Kybernetik) kritisch. „Im Management wird am ehesten akzeptiert, was sofort verstanden und umgesetzt werden kann. Das ist vor allem das, was das Denken von Chefs bestätigt, aber das ist nur selten auch das, was das Denken in nachhaltig zielführende Bahnen bringt. […] Im Management betreibt man noch gerne das, was man landläufig Realitätsverweigerung nennt."[153]

Demgegenüber steht der IT-Sicherheitsfachbereich respektive ein IT-Sicherheitsbeauftragter, welcher im Rahmen seiner Aufgaben bestrebt ist, die Unternehmensführung über den Stand der Sicherheit der Informationstechnologie zu informieren. Damit diese Aufgabe erfolgreich getätigt werden kann, sind die Informationen effektiv und effizent zu erfassen und so zu konzentrieren, dass sie für die Unternehmensführung einen Nutzen darstellen. Dabei muss die erzeugte Arbeitsleistung zielorientiert gesteuert und laufend den Anforderungen angepasst werden. Die Managementkonzepte zur IT-Sicherheit unterstützen diese Tätigkeit jedoch in der rein methodischen Betrachtung.

---

[152] (Springer Gabler, 2012)

[153] Herzog Hans-Henning / Pruckner Maria 2012, Kybernetik und Management - Mut zum Umdenken, Management und Qualität.

In welcher Form dies durch den Sicherheitsbeauftragten wahrgenommen wird, hängt auch hier im Wesentlichen vom dahinterstehenden Menschen ab.

3.5. Fazit

In Kapitel 3 ging es darum Wirkungszusammenhänge anhand von Feedbackschleifen aufzuzeigen, um dadurch die Wirkungsweise zwischen der Informationssicherheit und der Unternehmensführung besser zu verstehen. Das gesamte Wirkungsdiagramm zeigt in kompakter Wiese, dass die Informationssicherheit verstärkt die Ergebnisse und Leistungsfähigkeit einer Unternehmung beeinflusst. Entsprechend sollten die Informationen zum Stand und der Wirkungsweise der Informationssicherheit verstärkt in die Steuerungs- und Entscheidungsprozesse der Unternehmensführung eingebunden werden.

Je stärker eine Unternehmung Informationstechnologie für ihre betriebliche Leistungserstellung nutzt, desto stärker besteht eine Abhängigkeit mit Sicherheitsrelevanz. Werden die Aspekte der Sicherheit nicht richtig gedeutet und entsprechende Massnahmen eingeleitet, existiert ein erhebliches Risiko für die wirtschaftliche Leistungsfähigkeit. Eine mangelnde oder fehlerhafte Einschätzung der Informationssicherheit durch die Unternehmensführung kann zu Schäden in der Unternehmung führen. Durch die enge Verflechtung der Geschäftsprozesse geht es nicht mehr nur um die Technologie, auch die Verarbeitung der Daten und Informationen steht bei Sicherheitsüberlegungen vermehrt im Zentrum. Somit müssen nicht nur die Technologien sondern auch die Daten und Informationen geschützt werden.

Mit der Bearbeitung der Frage zur Sicherheit ist auch die Frage der Risiken eng verbunden. Die Bewertung der Risiken ermöglicht neben der Einschätzung möglicher Konsequenzen von Sicherheitsproblemen auch eine Bewertung der finanziellen Aufwendungen. Risiken der Technik verändern sich jedoch durch die Nutzung der neuen technologischen Möglichkeiten. Aus rein technischen Risiken können dabei operative oder sogar strategische Risiken werden.

Managementkonzepte verfolgen keine abgestimmten Zielsetzungen, und durch die steigende Vernetztheit steigt die Komplexität. Eine Komplexität, welche sich aus unterschiedlichen subjektiven Elementen zusammensetzt und dadurch nicht quantitativ und objektiv messbar ist. Eine Messbarkeit wird jedoch mithilfe der eingesetzten Managementkonzepte angestrebt. Auf diese Weise sollen Information für die Unternehmensführung nutzbar gemacht, wobei in der Kommunikation die einzelnen Charakteristiken der Menschen nicht berücksichtigt werden.

4. Wirkungszusammenhänge und Empfehlungen

Die in den Kapiteln 3.3 und 3.4 untersuchten Wirkungsweisen zeigen Zusammenhänge und deren Bedeutungen auf, bei denen Erfahrungen und bestehende Kentnisse aus der Literatur und Studien mit berücksichtigt wurden. Die dabei gewonnenen Erkenntnisse in Form von qualitativen Informationen zu den festgelegten Feedbackschleifen und deren Wirkungszusammenhängen sollen folgend verdichtet werden (Kapitel 4.1), um diese den Forschungsfragen gegenüberstellen zu können (Kapitel 4.2). Dieses Vorgehen ermöglicht es die Informationen auf das Wesentliche zu reduzieren und dabei eine Überschaubarkeit herzustellen, die teilweise unterschiedlichen Erkenntnisse im Kontext der Forschungsfrage zu betrachten und daraus entsprechende Schlüsse zu ziehen und diese im folgenden mit Empfehlungen (Kapitel 4.3) zu versehen. Eine Mögliche Umsetzung in der Pasxis (Kapitel 4.4), wird anahnd einer Empfehlung vorgenommen.

4.1. Erkenntnisse zu den Wirkungszusammenhängen

Mit der Verdichtung der gewonnenen Informationen wird es möglich einzelne Erkentnisse zu formulieren. Die Erkentnisse werden dabei, abgeleitet aus der Forschungsfrage, in zwei Gruppen aufgeteilt. Einerseits werden die Wirkungszusammenhänge aus Sicht der Organisation mit den Managementkonzepten und Prozessen betrachtet, andererseits aus Sicht der Kommunikation zwischen der Unternehmensführung und dem Sicherheitsfachbereich. Die Sicht der Kommunikation beinhaltet die undurchsichtige und schwer fassbare Seite, welche sich in den Unternehmungen auch als Teil einer Sicherheitskultur äussert.

Erkenntnisse zur Sicherheit der Informationstechnologie als Teil der Organisation

E1 Die Informationssicherheit hat in der Unternehmung an Bedeutung gewonnen, bedarf dadurch jedoch keiner Sonderbehandlung. Darum ist die Informationssicherheit als Teil der Unternehmung als System zu betrachten.

E2 Eine übergreifende Definition und Abstimmung der genutzten Begriffe zur Sicherheit und zu den Managementkonzepten erleichtert die Zusammenarbeit. In Unternehmungen erfolgt eine ungenügende Abstimmung und einheitliche Definition. Deshalb ist die Informationssicherheit nicht durchgehend mit anderen Managementkonzepten verknüpft (Prozesse). Dadurch entstehen unklare Zuordnungen von z. B. Berechnungen, Daten- und Informationsquellen sowie Verantwortlichkeiten.

E3 Ziele aus den Managementkonzepten (COBIT, ITIL, Risiko und Sicherheit) leiten sich aus der Corporate Governance (strategische Ziele) ab. Eine ungenügende Abstimmung der Ziele aus den Managementkonzepten führt zu unterschiedlichen Zielwerten, welche nicht nachvollzogen werden können.

E4 Es wird eine Viezahl an unterschiedlichen Managementkonzepten in Unternehmen eingesetzt und genutzt. Die Vielzahl der eingesetzten Managementkonzepte fördert ein unterschiedliches Verhalten der einzelnen Elemente im System- Unternehmen, weshalb ein erhöhter Überprüfungs- und Abstimmungsbedarf durch die gegenseitige Beeinflussung bei Massnahmen und den Input-Output-Regelgrössen notwendig wird.

E5 Für die Informationssicherheit werden Managementkonzepte genutzt. Der Einsatz der Managementkonzepte allein kann das Niveau der Informationssicherheit nicht steigern, weshalb dies auch nicht wesentlich zur Reduktion der Unternehmensrisiken beiträgt.

E6 Die Informationssicherheit muss durch die Unternehmen bearbeitet werden. Dies erfolgt meist im Fachbereich der Informationstechnologie, weshalb eine Durchdringung in andere Fachbereiche oder in die Unternehmensführung nur gering ist.

E7 Unternehmen setzen im Rahmen der Zielerreichung Anreissysteme ein. Für die Informationssicherheit werden in den Unternehmungen die festgelegten Sicherheitsziele nicht für die Erfolgsbeurteilung benutzt. Aufgrund dessen ist der Einsatz für die Sicherheit gering.

E8 Massnahmen der Informationssicherheit müssen finanziell geplant werden. Informationssicherheit ist dabei stark mit der Budgetierung der Informationstechnologie verknüpft und wird von den generellen IT-Massnahmen abgeleitet. Deshalb wird die Informationssicherheit losgelöst von der strategischen Betrachtung gesehen.

Erkenntnisse zur Sicherheit und der Unternehmensführung

Eine der grössten Herausforderungen, um die Sicherheit der Informationstechnologie in den IT-Fachbereichen umzusetzen, stellt die Unternehmensführung selbst dar. „[...] es ist sinnlos, Sicherheitsvorgaben, -verfahren und -steuerungen in den IT-Fachbereich zu implementieren, wenn diese im Geschäftsbereich nicht durchgesetzt werden können."[154] So werden das fehlende Engagement der Unternehmensführung oder die unzureichenden Ressourcen und/oder Budgets für die Umsetzung und den Betrieb der Informationssicherheit als eines der grössten Risiken angesehen.[155]

E9 Bei Fragen der Innvestitionen in Unternehmen liegt der Fokus auf einer finanzieller Betrachtung. Die Informationssicherheit ist nur bedingt quantitativ berechenbar. Deshalb bieten Aspekte der Sicherheit in den Finanzkennzahlen der Unternehmensführung keine Unterstützung bei der Abwägung von Sicherheitsentscheidungen.

E10 Aspekte der Sicherheit werden in den Managementkonzepten mehrheitlich aus der Vergangenheit betrachtet. Zukünftige Funktionalitäten und deren Einflüsse auf die Sicherheit der Informationstechnologie werden nur geringfügig berücksichtigt. Aufgrund der geringen Bereitschaft an Flexibilität bleibt die Sicht auf die Sicherheit deshalb statisch.

E11 Der Stand zur Informationssicherheit wird in Form von Rückmeldungen / Berichten an die Unternehmensführung abgegeben. Informationen zur Informationssicherheit werden dabei als Zusatz in ein oder mehrere bestehende Reportings ohne spezifische Aufbereitung für die Unternehmensführung eingebunden. Weshalb beim Lesen des Reports durch die Unternehmensführung die Verständlichkeit, Lesbarkeit und die Nutzbarkeit reduziert wird.

E12 Managementkonzepte im Bereich der Informationssicherheit enthalten kein Informations- und Kommunikationskonzept. Informationen werden als Bericht oder als Kennzahlen (Controlling-Aufgabe) lediglich aus Sicht des *Senders* erstellt. Dies erschwert und stört die Kommunikation zur Unternehmensführung.

E13 Die Unternehmensführung benötigt Informationen zur Informationssicherheit. Über die Abhängigkeiten, Wirkungsweisen, Abläufe und Abgrenzungen der Sicherheit wird nicht klar informiert. Deshalb entstehen Leerläufe und falsche Erwartungen, und es entwickelt sich Potentzial für Konflikte.

E14 Die Unternehmensführung betrachtet die Informationssicherheit als technisches Problem. Die Wirkungsweise der Informationssicherheit innerhalb der Unternehmung wird durch die Unternehmensführung unterschätzt. Daher

---

[154] Office of Government Commerce (OGC) 2007, S.169
[155] Vgl., ebd., S.170

steigen die Risiken, ausgelöst durch negative Ereignisse in der Informationstechnologie, zunehmend an.

E15 Die Unternehmensführung benötigt Informationen, um entscheiden zu können.
Zum Stand der Informationssicherheit existieren unvollständige Informationen,
weshalb der Unternehmensführung eine integrale Perspektive verwehrt wird
und dadurch Entscheide negativ beeinflusst werden.

E16 Die Unternehmensführung besteht auch nur aus Menschen. Menschen neigen
dazu erkannte Problemfelder zu negieren. Die Unternehmensführung möchte
möglicherweise das Problem der Informationssicherheit nicht erkennen.

4.2.   Erkenntnisse im Kontext der Forschungsfrage

Auf Basis der gewonnenen Erkenntnisse stellt der Autor fest, dass die Sicherheit als
Teil des Informationsmanagements und der Managementkonzepte mangelhaft konzipiert ist und nicht die Informationen enthält, welche einen Mehrwert für die Unternehmensführung darstellt. Gerade in wirtschaftlich schwierigen Zeiten ist es für die
Unternehmensführung wichtig, die Zusammenhänge besser zu erkennen und korrekt
würdigen zu können. Auch ist feststellbar, dass die Sicherheit der Informationstechnologie unzureichend in den Organisationsbereichen der Unternehmung verankert ist, da
sie mehrheitlich im Fachbereich der Informationstechnologie verantwortet und reaisiert
wird. Dabei spielen die Bereitschaft zum Wandel und der Stand der Sicherheitskultur[156]
im Unternhemen eine wesentliche Rolle.

Die zu untersuchende Forschungsfrage der vorliegenden Untersuchung, welche in
Kapitel 1.3 erläutert wurde, lautet:

**Können die Informationen zur Sicherheit der Informationstechnologie, welche
durch Instrumente und Methoden bereitgestellt werden, durch die Unternehmensleitung in die Führungsstrukturen und-, Prozesse eingebunden und genutzt werden?**

Anhand der Ausgangslage und der daraus gestellten Forschungsfrage (Kapitel 1.3)
liessen sich für die Untersuchung spezifische Forschungsfragen aufstellen (Kapitel
2.5), welche folgend beantwortet werden:

---

[156]„Kultur ist das Ergebnis eines komplexen Lernprozesses einer Gruppe, Organisation oder Gesellschaft, in dem
sich gemeinsame Ziele, Interessen, Normen, Werte, Verhaltensmuster, Rituale, Traditionen, Kontinuität, Ge-
borgenheit und andere Merkmale herausbilden." Edgar H. Schein: Organizational Culture & Leadership. 2.
Auflage. Jossey-Bass Publishers, San Francisco 1997, Wikipedia Enzyklopädie,
http://de.wikipedia.org/wiki/Sicherheitskultur

- In welcher Art müssen Daten und Informationen zur Informationssicherheit der Unternehmensführung bereitgestellt werden, um dabei einen Nutzen für die Unternehmensführung erbringen zu können?

  ➢ Die Untersuchung hat ergeben, dass die Daten und Informationen nicht rein technisch zu betrachten sind. Durch die starke Verflechtung der Informationstechnologie in die Geschäftsprozesse, ist eine Berücksichtigung der Wirkungszusammenhänge notwendig. Bei der Kommunikation der Daten und Informationen muss der Fachbereich die Sicht der Unternehmensführung berücksichtigen, da die Unternehmensführung als Mensch den Nutzen der Daten und Informationen bestimmt.

- Welche Aktivitäten sind bei der Nutzung von Managementkonzepten notwendig, um Daten und Informationen zur Sicherheit in die Corporate Governance (Unternehmensführung) einzubinden?

  ➢ Die Analyse der Wirkungszusammenhänge bei den Managementkonzepten zeigt zwei wesentliche Aktivitäten. Diese sind: Zielvorgaben innerhalb der Managementkonzepte als Input- Output Regelgrössen abstimmen und die Informationssicherheit als eigenständiges Corporate-Risiko führen, wobei eine Risikobewertung nicht lediglich aus der Perspektive der Finanzen erfolgen darf.

- Wie ist die Zusammenarbeit (Organisation/Struktur/Rollen/Funktion) der Unternehmensführung mit den Fachbereichen zu gestalten, damit diese einen gemeinsamen Zweck verfolgen?

  ➢ Für die Informationssicherheit ist eine Kommunikationskonzept zu erstellen. Mit einem vertikalen Kommunikationskanal, zwischen der Unternehmensführung und relevanten Fachbereichen, wird eine direkte Kommunikation ermöglicht. Die Kommunikation stellt dabei die Basis dar um ein effektives Netzwerk, welches die einzelnen Elemente des System *Unternehmen* verbindet, zu entwickeln.

4.3. Empfehlungen zur verstärkten Einbindung der Sicherheit in die Unternehmensführung

Das vorliegende Buch hatte zum Ziel, eine strukturierte Sichtweise auf die Abhängigkeiten von Daten und Informationen zur Informationssicherheit und deren Kommunikation in die Unternehmnensführung zu untersuchen. Dabei wurde auf die Wirkungszusammenhänge zwischen den wesentlichen Elementen (Risiko, Betrieb, Sicherheit, Governance) und der Kommunikation zwischen der Unternehmensführung und dem Sicherheitsfachbereich fokussiert. Die gewonnenen Erkentnisse sollen Unternehmen dabei unterstützen, die Informationssicherheit verstärkt in die Unternehmensführung einzubinden. Die im Kapitel 4.1 erarbeiteten Erkenntnisse werden im folgenden mit Empfehlungen versehen, wobei die diese nicht überschneidungsfrei sind.

4.3.1. Empfehlung zu den Dimensionen: Organisation, Managementkonzept und Prozess

Die Informationssicherheit ist ein Themenbereich, der kleinere wie grössere Unternehmen betrifft, dabei immer mehr eine Querschnittsfunktion einnimmt und so einen Nutzen für die gesamte Unternehmung darstellt. Dabei werden Organisationsstrukturen, Managementkonzepte und Prozesse angesprochen, mit denen, angepasst an die jeweilige Unternehmung, ein gewisses Niveau an Sicherheit angestrebt wird und zu erreichen ist. Ein Niveau, welches nicht direkt quantifizierbar ist, jedoch sicherstellt, dass der verstärkten Verflechtung der Informationstechnologie und deren benötigten Sicherheit in den Bereichen der Leistungserstellung Rechnung getragen wird. Die Informationssicherheit kann dabei in seiner Ausprägung auf das jeweilige Unternehmen zu einem Erfolgsfaktor für die Kundenzufriedenheit werden. Die Kundenzufriedenheit kann nicht mit reinen technischen Sicherheitseinrichtungen gekauft oder kopiert werden. Erfasste Äusserungen, z. B. in Kundenumfragen oder am Service Desk, müssen in Bezug auf die Informationssicherheit analysiert werden. Dabei sollte nicht das einzelne Leistungselement im Zentrum stehen, sondern die Ursachen und Folgen der Kundenzufriedenheit.

Erkenntnisse der Analyse liefern dabei Informationen darüber, wie der Aspekt der Sicherheit auf den Kunden hin ausgerichtet werden muss. Es geht dabei um einen Abgleich zwischen dem Ist-Zustand der Sicherheit und den für den Kunden wichtigen Nutzungskriterien. Die dabei gewonnenen Informationen zur Sicherheit können sowohl für die Organisationsbereiche der Leistungserstellung als auch für die Unternehmensführung von Nutzen sein.

Unternehmen und Nutzer von Service-Funktionalitäten stellen hohe Erwartungen an die Vertraulichkeit, Zuverlässigkeit und Verfügbarkeit der Informationstechnologie. Um die Informationssicherheit auf einem für die jeweilige Unternehmung angemessenen Niveau zu halten, gilt es diese regelmässig zu überprüfen und wenn nötig den veränderten Umständen anzupassen. Die Informationssicherheit darf dabei nicht lediglich als ein rein technisches Problem betrachtet werden, um eine rein technische Umsetzung zu verhindern.

Wie im Wirkungsdiagramm erkennbar, wird durch die Vielzahl an Managementkonzepten ein Abgleich der Informationen erschwert und eine Abstimmung der Regelgrössen wie der verfolgten Ziele kaum möglich. Die Komplexität nimmt zu, was unter anderem dazu führt, dass die Informationssicherheit von der Unternehmensführung als ein rein technisches Problem betrachtet und darauf reduziert wird.

Die Abhängigkeit der Informationsgesellschaft von der Informationstechnologie und deren Systemen nimmt zu. Dadurch ergeben sich neue Gefahren und es entstehen neue Formen der Bedrohung. Um den Umgang mit den Bedrohungen an den unterschiedlichen Interessen, Anforderungen und Zielen auszurichten, sind inhaltlich abgestimmte Sicherheits- und Risikostrukturen unabdingbar.

Um mit den täglichen Problemen und Fragestellungen umzugehen, welche sich in einem Unternehmen ergeben, nutzt die Unternehmensführung in unterschiedlicher Ausprägung eigene Konzepte, welche auf persönlichen Erfahrungen beruhen. Das Vorgehen bringt, gepaart mit dem steigenden Wandel und der steigenden Komplexität, auch Gefahren. Dies zeigt sich, indem eigene Schlussfolgerungen auf Annahmen, Mutmassungen oder Unkenntnissen von Zusammenhängen beruhen und diese suboptimale Entscheidungen fördern. Wie die Untersuchung aufgezeigt hat, sind auch die Managementkonzepte, denen in einzelnen Fällen eine gewisse Wissenschaftlichkeit nachwiesen kann, nicht bedenkenlos einzusetzen. So haben Finanzkonzepte aufgrund ihrer quantitativen Ausrichtung (NPV, ROI etc.) für die Informationssicherheit nur eingeschränkte Gültigkeit, da nicht alle Kennzahlen zur Sicherheit quantitativ erhoben werden können. Dies heisst nicht, dass ausser Acht gelassen werden kann, was nicht messbar ist. Wenn die Sicherheit der Informationstechnologie nicht messbar ist, sollte sie jedoch beurteilt werden, um sich nicht nur nach den finanziellen Zahlen zu orientieren.[157]

Die unterschiedliche Nutzung und die Anzahl der eingesetzten Managementkonzepte liefern viele Daten und Informationen, welche in diverser Weise durch die Nutzer interpretiert werden. Für die Unternehmung ist es wichtig für die jeweilige Fragestellung auf ein Managementkonzept zu fokussieren. Dies soll jedoch nicht ausschliessen, dass auch Inhalte aus anderen Managementkonzepten als Ergänzung verwendet werden. Dabei ist grundlegendes Wissen über die Vielzahl von Managementkonzepten in der Unternehmung erforderlich. Die Unternehmensführung ist gezwungen, ein Set an Managementkonzepten festzulegen und daraus abgeleitet eigene Konzepte zu kombinieren und zu entwickeln, dies immer ausgerichtet an den Zielen der gesamten Unternehmung.

Eine herausfordernde Aufgabe, so jedenfalls äussert sich die Mehrheit der Befragten einer Studie zum Thema Managementprozesse. Gleichwohl gehen 40 % bei der Umsetzung der Aufgabe konzeptlos vor,[158] was sich letztlich bei der Wirksamkeit der Managementkonzepte zeigt. Um erfolgreich sein zu können, muss sich die Unterneh-

---

[157] (Malik, Führen, Leisten, Leben: Wirksames Management für eine neue Zeit, 2006), S.238-242
[158] (Klauser, Thorsten, & Wicky, 2011)

mensführung vermehrt damit auseinandersetzen, wie mit dem vorhandenen Wissen und Informationen zur Informationssicherheit umgegangen werden soll.

Von der Unternehmensführung werden Fähigkeiten gefordert, welche über das persönliche Fachwissen hinausgehen. Wie im erstellten Wirkungsdiagramm erkennbar ist, spielen dabei die Regelgrössen, die sich durch die unterschiedlichen Managementkonzepte ergeben, eine wesentliche Rolle. Regelgrössen, die wiederum durch die Unternehmensführung selbst beeinflusst und auch festgelegt werden. Dies ist auch der Ausgangspunkt, um eine Unternehmensstrategie mit den Aspekten Risiko und Sicherheit erfolgreich umsetzen zu können. Die durch das Zusammentreffen von Schwachstellen und Bedrohungen erkannten operativen Sicherheitsrisiken sind als eigenes Risiko im Rahmen der Corporate Governance durch das Risikomanagement zu führen und zu steuern.

Damit wird die gemeinsame Sichtweise geschaffen, die Wirkungszusammenhänge erkennt und dadurch eine systematische Gestaltung der Sicherheit der Informationstechnologie in Unternehmen ermöglicht. Eine gemeinsame Verständigung zwischen dem Sicherheitsfachbereich (CISO) und der Unternehmensführung kann dadurch aufgebaut werden und wird mit dem Einbinden der Sicherheit der Informationstechnologie in die Corporate Governance verstärkt.

Zusammenfassend werden durch den Autor folgende Empfehlungen vorgeschlagen:

> Kundenzufriedenheit als Erfolgsfaktor. Es sind Messsbeurteilungsgrössen festzulegen und in Prozessen zu etablieren.

> Überprüfung, Harmonisierung und Reduktion der Managementkonzepte, in denen die Informationen, auch die zur Sicherheit der Informationstechnologie, verbindlich und wirksam wird.

> Sicherheit der Informationstechnologie als Unternehmensrisiko führen.

> Ergänzung der Sicherheitskennzahlen mit Werten aus Wirkungszusammenhängen wie z. B. Vernetzungsgrad, IT-Verbreitung und deren Durchdringung.

> Sicherheit der Informationstechnologie als festes Traktandum in die Meetings der Unternehmensführung aufnehmen.

4.3.2. Empfehlung zu den Dimensionen: Kommunikation

Der Faktor der zwischenmenschlichen Kommunikation und deren Koordination ist für die Einbindung der Informationssicherheit und dem damit verbundenen Informationstransfer von entscheidender Bedeutung.

Bei Massnahmen, die Risiken der Informationssicherheit reduzieren, werden in Unternehmen mehrheitlich technische Ansätze verfolgt. Die Unternehmensführung als

Mensch im System mit einer soziokulturellen Wirkung wird nicht nur in den Managementkonzepten, sondern auch in der Realität mehrheitlich vernachlässigt. Dabei könnte gerade der Mensch mit seinem Beziehungsgeflecht in Zukunft einen wesentlichen Erfolgsfaktor darstellen.[159] Das Sicherheitsbewusstsein im Umgang mit der Informationstechnologie muss weiter entwickelt und geschärft werden. Es ist eine wesentlichen engere Zusammenarbeit zwischen der Unternehmensführung und dem Sicherheitsfachbereich wie weiteren Fachbereichen erforderlich, bei der durch persönliche Gespräche eine Beziehung zueinander aufgebaut werden kann. Es bedarf einer verbesserten Zusammenarbeit, um der steigenden Komplexität in der Fragestellung zur Sicherheit der Informationstechnologie gerecht zu werden und dabei eine abgewogene Risikobeurteilung zu erhalten.[160]

Der Fachbereich zur Sicherheit der Informationstechnologie muss die Unternehmensführung als Kunden betrachten. Der Bereich muss die Informationen zur Informationssicherheit als Leistungsangebot erstellen, welches sich an der Unternehmensführung als Kunden orientiert. Dabei sind die genauen Kenntnisse der Erwartungen, der Einstellungen sowie Anforderungen der Unternehmensführung von zentraler Bedeutung und stellen die elementaren Aspekte des Marketings dar.[161] Es geht bei der Kommunikation an die Unternehmensführung also nicht darum, bei der Kommunikation die Sicherheit der Informationstechnologie mit rein technischen Elementen in den Mittelpunkt zu rücken, sondern die Bedürfnisse der Unternehmensführung anzusprechen.

Zusammenfassend werden durch den Autor folgende Empfehlungen vorgeschlagen:

- Überprüfung des Arbeitsklimas zwischen der Unternehmensführung und dem Sicherheitsbereich.
- Unternehmensführung entsprechend der Sicherheit der Informationstechnologie entwickeln.
- Marketingkonzept für die Sicherheit der Informationstechnologie entwickeln und in die Unternehmung einbinden.
- Informationen zur Informationssicherheit auf die persönlichen Charaktere der Unternehmensführung abstimmen.

4.4.   Praxis

Auf Grundlage der Empfehlung gilt es diese in der Praxis abgestimmt, auf die jeweilige Unternehmung umzusetzen. Dieses Kapitel befasst damit eine Empfehlung aus dem Kapitel 4.3 für eine Umsetzung zu konkretisieren. Dabei wird lediglich auf eine Empfehlung eingegangen, da eine Ausarbeitung aller Empfehlungen der Rahmen dieses Buchs übersteigen würde.

---

[159] (Händeler, 2011), S.233-253
[160] (Surowiecki & Beckmann, 2007)
[161] (Esch, Hermann, & Sattler, 2011), S.4

Die durchgeführte Untersuchung der Wirkungszusammenhänge zeigte, dass die Kommunikation einen wesentlichen Faktor darstellt, in welchem Grad die Informationen zur Informationssicherheit einen Nutzen für die Unternehmensführung darstellt. Folglich soll daher auf die Empfehlung - *Informationen zur Informationssicherheit auf die persönlichen Charaktere der Unternehmensführung abstimmen* - näher eingegangen werden.

Unterschiedliche Standpunkte und Sichtweisen auf die Informationssicherheit sind in der Praxis hilfreich wie auch hinderlich bei der Erarbeitung von Lösungen. Unterschiedliche Sichtweisen ermöglichen breit abgestürzte Lösungen. Genauso häufig können daraus aber auch Missdeutungen in der Kommunikation entstehen, welche zu suboptimalen Lösungen und Entscheidungen führen können.

Der Fachbereich der Informationssicherheit und die Unternehmensführung haben meist unterschiedliche Sichtweisen auf den Themenbereich der Informationssicherheit. Der Fachbereich orientiert sich bei der Aufbereitung der Daten und Informationen der Informationssicherheit an der alltäglichen Praxis, wobei die Fragen der Umsetzbarkeit im Vordergrund stehen. Die Unternehmensführung hingegen fokussiert darauf, dass Fragen zur Informationssicherheit gelöst werden. Das Wissen über die Funktionsweise ist dabei sekundär und mangelndes Fachwissen der Unternehmensführung zur Informationssicherheit verstärkt möglicherweise diese Haltung. Die Kommunikation wird durch die unterschiedlichen Sichtweisen negativ beeinflusst. Obwohl die Informationen zur Informationssicherheit mit dem Managementkonzepten erarbeitet und übermittelt wurden, ist ihr Nutzen gering. Eine Möglichkeit dies positiv zu beeinflussen besteht darin, die Handlungen in ihrer Struktur zu verstehen.

Die Unternehmensführung und der Sicherheitsverantwortliche im Fachbereich haben als Menschen eine bevorzugte Art und Weise, wie sie innerhalb eines Themenbereich denken und handeln. Dies wird in der Persönlichkeitspsychologie in Typologien zusammengefasst. So bestehen nach David Keirsey 16 verschiedene Ausprägungen, in denen das Verhalten der Menschen anhand von vier Dimensionen beschrieben wird.[162]

Anhand dieser vier Dimensionen ist es möglich das bevorzugte Denken und Handeln eines Menschen auszudrücken; MBTI-Signatur genannt (Meyers-Briggs Type Indicator / MBTI). In der folgenden Abbildung sind die unterschiedlichen Ausprägungen eines Menschen anhand der 16 Persönlichkeitstypen dargestellt.

---

[162] (Keirsey & Bates, 1990), S.221-273

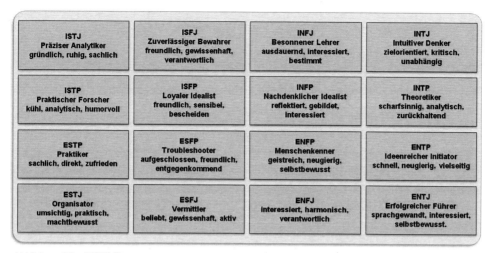

Abbildung 20:   MBTI-Typen

Quelle: in Anlehnung an(vgl. Versteh Mich Bitte - Charakter- und Temperament-
Typen, Keirsey, David / Bates, Marilyn, Verlag: Riverhead Books, 1990, S221-273)

Katharine Briggs und Isabel Briggs-Mayer gingen bei der Festlegung der MBTI-Typen
von mehreren Annahmen aus Z. B. dass menschliches Verhalten nicht zufällig ist,
sondern Muster existieren, Verhalten klassifizierbar und vorhersagbar ist oder das beschrieben werden kann wie Menschen Informationen favorisiert aufnehmen und Entscheidungen darüber treffen. Diese Klassifizierung des Verhaltens wird mit Fragen zur
Energiequelle und zum Umgang mit der äusseren Welt flankiert.[163] Die individuelle
Präferenz jedes Menschen in Bezug auf die beiden psychischen Funktionen und die
Einstellung macht sich unter anderem bei der Arbeit und der Kommunikation bemerkbar.

Die beiden mittleren Buchstaben der MBTI-Signatur (ST, SF, NF, NT) beschreiben die
persönliche Grundeinstellung. Jeder Mensch hat eine bevorzugte Einstellung wie
etwas wahrgenommen wird (S: mit den fünf Sinnen oder N: intuitiv) und wie diese
Wahrnehmung beurteilt wird (T: Thinking = analytisch oder F: Feeling = gefühlsmäs-
sig). Daraus ergeben sich vier grundlegende Kombinationen welche die Persönlichkeit
darstellt. Die äusseren Buchstaben E und I repräsentieren die Einstellung. Der erste
Buschstabe repräsentiert die Präferenz für die Aussenwelt (Extraversion) oder Präferenz für die Innenwelt (Introversion) der Gedanken und Ideen. Der letzte Buchstabe
J oder P repräsentiert die Präferenz, gegenüber der Aussenwelt. Mit J (Judging =
Geplant) beurteilen und bevorzugen wir abschliessende Ergebnisse, mit P (Perceiving
= Spontan) nehmen wir wahr und bevorzugen Offenheit.[164]

---

[163] (Briggs-Meyer, 2000)
[164] (Keirsey & Bates, 1990), S.16-28

Der Autor sieht es als praxistaugliche Möglichkeit an, das MBTI-Typenprofil zu nutzen um damit Informationen zur Informationssicherheit auf die persönlichen Charaktere der Unternehmensführung abzustimmen. Das MBTI-Typenprofil kann dem Sicherheitsverantwortlichen im Fachbereich helfen, sich selbst und andere aus einer anderen Optik zu betrachten und dabei besser zu verstehen. Denk- und Wahrnehmungskategorien können so erkannt und die Kategorien der Unternehmensführung besser eingeschätzt werden.

Wie sich das Wissen über Charakteren auf den Erfolg der Kommunikation auswirkt, soll das folgende fiktive Beispiel aufzeigen.

Beispiel:

Der Sicherheitsverantwortliche im Fachbereich wurde durch die Unternehmensführung beauftragt die Sicherheit der Informationstechnologie auf die neuen Bedürfnisse auszulegen, so dass eine einfache Nutzung durch alle Mitarbeitenden der Unternehmung möglich ist. Das Lösungskonzept wird folglich durch den Sicherheitsverantwortlichen im Detail ausgearbeitet. Eine Lösung mit Details zu den Sicherheitsgateways, welche jedoch durch die Unternehmensführung bei der Präsentation nicht verstanden wird.

Eine Situation welche sich teilweise verhindern lässt, in dem die Charakteren der Beteiligten näher betrachtet werden. Es wird durch den Autor angenommen, dass es sich beim Sicherheitsverantwortlichen um den MBTI-Typ *I-ST-J* handelt. Bei der Unternehmensführung wird ein MBTI-Typ *E-NT-P* angenommen. In der Praxis kann dies mit Hilfe des Analyse-Fragebogen in Selbst- und Fremdbeurteilung festgelegt werden.[165] Die Typisierung in diesem Beispiel lässt erkennen, dass es der Unternehmensführung im Wesentlichen eine abstrakte Kommunikation genügt. Die Fragen *WAS* und *WIE* werden sekundär betrachtet. Es sind jedoch gerade die Fragen welche den Sicherheitsverantwortlichen als Typ *I-ST-J* interessieren. Unternehmensführung und Sicherheitsverantwortlicher kommunizieren aneinander vorbei, da eine unterschiedliche Denk-, und Detailebene besteht. Die Kommunikation zur Unternehmensführung muss entsprechend angepasst werden um den Nutzen der Informationen zur Sicherheit der Informationstechnologie zu erhöhen. Dies kann erfolgen indem bei der Kommunikation zur Unternehmensführung, mit dem MBTI-Typ *E-NT-P*, folgende Kriterien, welche sich anhand der Beschreibung des MBTI-Typenprofil[166] ableiten lassen, besonders berücksichtigt werden: Möglichkeiten aufzeigen, keine Details, Begeisterung wecken, keine Normen und Traditionen erwähnen, Zusammenhänge pragmatisch aufzeigen, Spielraum für Improvisation ermöglichen, etc.

---

[165] Vgl., ebd., S.6-14
[166] (Keirsey & Bates, 1990), S.242

Das Erkennen von Persönlichkeitsstrukturen bringt Verständnis und bildet die Grundlage um die Kommunikation zwischen der Unternehmensführung und dem Fachbereich zu entwickeln. So argumentierte auch Peter Drucker in seinen wegweisenden Beiträgen zum Management, dass mit dem Verständnis für die Menschen, mit denen man zusammen Arbeitet und von denen man abhängt, die Effizienz gesteigert wird. Dabei liegt die Verantwortung für eine verbesserte Kommunikation bei jedem selbst.[167]

---

[167] (Seeger, 2005), S.21

5.   Kritische Würdigung

Die vorliegende Untersuchung wurde innerhalb eines Zeitrahmens von sechs Monaten erstellt. Aufgrund dieses sehr engen Zeitrahmens weist die Untersuchung Mängel auf. Im folgenden Kapitel sollen die Vorgehensweise sowie die getroffenen Annahmen in der vorliegenden Untersuchung in Frage gestellt werden. Auch werden Themen aufgegriffen, welche vertiefter untersucht werden könnten. Folgende Punkte werden betrachtet:

- die bei der Untersuchung genutzte Literatur; Fach- und Lehrfachbücher,
- die Repräsentativität, Validität, Reliabilität und Generalisierbarkeit,
- die Aspekte der Sicherheit in Bezug auf die Unternehmensführung
- die Methodik der Untersuchung
- die Methodik der Auswertung der erfassten Informationen,
- die Umsetzbarkeit und Konsistenz der Handlungsempfehlungen.

Bei der Verabeitung spezifischer Literatur wurde lediglich ein begrenzter Teil berücksichtigt. So wurden die im Kapitel 2 erstellten Grundlagen vorwiegend aus Lehr- und Fachbüchern erstellt. Der Autor hat sich bei spezifischen Themen nicht auf mehrere Werke gestützt. Eine vertiefte Auseinandersetzung konnte nicht erfolgen, die genutzten Theorien müssen bei einer weiteren Verwendung mithilfe ergänzender Werke und aktueller Forschungsbeiträge überprüft werden. Auch wurde dem Aspekt, internationale Forschungsbeiträge und Literatur mit einzubeziehen, zu wenig Rechnung getragen. Die referenzierte Literatur weiset teilweise ältere Jahrgänge auf. Dieses theoretische Wisssen muss vor einer weiteren Nutzung durch aktuelle Forschungsergebnisse validiert werden.

Die vorliegenden Ergebnisse sind nicht auf allgemeine Unternehmungsstrukturen übertragbar, da die Daten und Informationen unter der Perspektive des Autors erfasst wurden. Das Kriterium einer Repräsentativität konnte dadurch nicht erfüllt werden. Dazu müssten die Erkenntnisse mit weiteren Perspektiven von Fachleuten in Unternehmen abgestimmt werden.

Die Problematik der Sicherheit in der Informationstechnologie wurde begrenzt aus der technischen Sicht betrachtet und folgt keiner wissenschaftlichen Methodik. Der Autor hat keine ganzheitliche Betrachtung durchgeführt. Daher sollten weitere Dimensionen wie z. B. organisatorische oder rechtliche Aspekte berücksichtigt werden. Die in der Untersuchung verfolgte Fragen, welche die Grundlage für die Untersuchung bilden, erheben somit keinen Anspruch auf Vollständigkeit. Dieser Mangel stellt einen möglichen zu untersuchenden Aspekt dar. Dabei könnten die Dimensionen überprüft und die daraus abgeleiteten Fragen erarbeitet werden, welche für die Untersuchung der Feedbackschleifen genutzt wurden.

Im vorliegendem Buch verwendete der Autor für die Untersuchung die argumentativ-deduktive Methode. Weitere Methoden wie z. B. die quantitative Methode oder die Fallstudie wurden nicht näher betrachtet und somit auch nicht eingesetzt. Der Autor versuchte bei der Erhebung, das festgelegte Vorgehen durch Anwendung von Qualitätskriterien nachvollziehbar zu machen. Zu diesem Zweck legte der Autor im Kapitel 3 besonderes Augenmerk auf die Methodik und Durchführung. Dieser Anforderung konnte der Autor nicht immer gerecht werden. Die durch den Autor präferierte Vorgehensweise erwies sich als zeitintensiv, vorallem die Auswertung der erfassten Informationen aus dem Wirkungsdiagramm sollte kritisch überprüft werden. Der Einsatz einer quantitativen Methode wurde in der vorliegenden Untersuchung nicht berücksichtigt. Eine solche Methode hätte die Möglichkeit eröffnet eine breiteres Wissen in die Untersuchung mit einzubeziehen. Diesen Aspekt gilt es bei weiteren Untersuchungen zu berücksichtigen.

In Kapitel 3.1 wurde die vom Autor verwendete Methode, die Untersuchung durchzuführen, vorgestellt. Es wurde jedoch nicht darauf eingegangen, weshalb diese Methode bevorzugt wurde. Auch wurden keine weiteren Methoden vorgestellt.

Im Kapitel 4 wurden aus den gewonnenen Erkentnissen mögliche Empfehlungen erarbeitet, welche jedoch nicht auf ihre Aussagekraft hin untersucht wurden um die Empfehlungen zu bestätigen. Empfehlungen wurden im Rahmen dieses Buchs auch nicht gesammthaft weiter ausgearbeitet um einen besseren Bezug zur Praxis zu erreichen.

6. Schlussbetrachtung und Ausblick

6.1. Schlussbetrachtung

Die Vielzahl an genutzten Managementkonzepten und wie die darin verknüpften Aspekte der Informationssicherheit für die Unternehmensführung nutzbar sind, ist der Ausgangspunkt dieser Untersuchung. Das Ziel der vorliegenden Untersuchung lag darin, die Wirkungszusammenhänge zwischen der Unternehmensführung und den Sicherheitsinformationen aus den Managementkonzepten zu identifizieren und aufbauend darauf Empfehlungen herauszuarbeiten, um die Informationssicherheit für die Unternehmensführung besser nutzbar zu machen. Das Wissen um die Informationssicherheit stellt für die Unternehmensführung einen wesentlichen Faktor bei den Entscheidungen im Rahmen der Corporate Governance dar. Zu diesem Zweck wurde die Unternehmung als System mit ihren Elementen untersucht, mit dem Anspruch dabei die Wirkungszusammenhänge feststellen zu können. Die gewonnenen Erkenntnisse sollten als Grundlage für das Erstellen der Empfehlungen dienen. Empfehlungen welche die erhöhte Einbindung der Sicherheit der Informationstechnologie in die Corporate Governance ermöglichen.

In einer Forschungsfrage in Kapitel 1.3 wurde der zu untersuchende Aspekt zusammengefasst. Um die Forschungsfrage beantworten zu können, wurde vom Autor eine mehrstufige Vorgehensweise benutzt:

(1) Als Basis der Untersuchung wurden in einem ersten Schritt die Grundlagen zur Informationssicherheit, der Unternehmensführung und den Managementkonzepten geschaffen.

(2) Die Recherchen in der Literatur bildeten die Arbeitsgrundlage, welche die Informationssicherheit und die Unternehmung als System in unterschiedlichen Dimensionen aufzeigten. In dieser Arbeitsphase wurden die ungleichen Begrifflichkeiten ermittelt und festgelegt (Kapitel 2).

(3) Im Studium der relevanten Theorien und Untersuchungsmethoden für eine qualitative Erhebung wurde ein grafischer Ansatz gewählt. Erfolgt ist die Wahl aufgrund der Einfachheit mehrere Wirkungszusammenhänge in kurzer Zeit darstellen und beschreiben zu können.

(4) Die konzeptionelle Vorbereitung diente folglich dazu ein Wirkungsdiagramm mit den Feedbackschleifen Unternehmenswachstum, IT-Service Funktionalität, IT-Sicherheitsniveau und Risiko herleiten zu können (Kapitel 3.1).

(5) Die Feedbackschleifen mit Input- Output-Grösse hatten das Ziel die Wirkungszusammenhänge zu ergründen (Kapitel 3.3 und Kapitel 3.4).

(6) Nach Überprüfung der gewonnenen Daten und Informationen wurden die Erkenntnisse und Handlungsempfehlungen herausgearbeitet (Kapitel 4).

Zusammenfassend kann festgehalten werden, dass in der vorliegenden Untersuchung Wirkungszusammenhänge identifiziert wurden, welche durch die Managementkonzepte nicht direkt erkennbar sind. Damit wird die Unternehmensführung durch die reduzierten Daten und Informationen in ihrem Verhalten und den Entscheidungen beeinflusst.

Aus den identifizierten Wirkungszusammenhängen zwischen den Systemelementen wurden Erkenntnisse und Handlungsoptionen erarbeitet, welche als Basis für die Herleitung von Informationen zum Stand der Informationssicherheit dienen. Dies sind Handlungsoptionen, welche der Unternehmensleitung dienen und dabei die Qualität der Einschätzung und den Entwicklungsbedarf für Sicherheitsmassnahmen erhöht. Dabei wird eine integrale Perspektive eingenommen.

Mit der Erarbeitung und Klärung der Forschungsfrage wurde nicht nur die Forschungsfrage dieser Untersuchung beantwortet (Kapitel 4.2), es ergaben sich auch neue Perspektiven zum Thema, die zu neuen Fragen führen. Fragen, die es in weiteren Untersuchungen zu klären gilt.

6.2. Ausblick

Dieses Kapitel schliesst die Untersuchung ab und dient dem Ausblick auf weitere Themenbereiche, welche es zu klären und zu untersuchen gilt.

Im Rahmen zukünftiger Forschungsarbeiten sollte eine übergreifende Klärung und Festlegung der Begrifflichkeit eine besondere Bedeutung erhalten. Dies würde eine Basis bilden, um auch die Informationssicherheit in einem nutzbaren Grad in die Unternehmung mit individuellen Organisationsstrukturen und Prozessen einzubinden.

Das vermehrte Benutzen von Wirkungsdiagrammen ist ein weiterer Aspekt, den es in zukünftigen Untersuchungen zu berücksichtigen gilt. Die vorliegende Untersuchung nutzt drei Feedbackschleifen, um die Wirkungszusammenhänge darzustellen und damit den Grad der Nutzbarkeit der Managementkonzepte für die Unternehmensführung zu untersuchen. Zwischen den Feedbackschleifen konnten wesentliche Zusammenhänge identifiziert werden. Die Validität des erstellten Wirkungsdiagramms mit den einzelnen Elementen und deren Wirkung sollte jedoch im Rahmen weiterer Untersuchungen in Gruppen überprüft werden, da die Validität der Untersuchung lediglich durch den Autor als beschränkt zu beurteilen ist. Es ist anzunehmen, dass sich weitere unterschiedliche Perspektiven in der Gruppe zeigen, die auch zu neuen Fragestellungen führen.

Die erarbeiteten Zusammenhänge im Wirkungsdiagramm könnten jedoch als Ausgangspunkt für weitere Untersuchungen dienen.

- Die Wirkung der Verstärkung der Funktionalität im Service Design und deren Wirkung auf die Sicherheit der Informationstechnologie ist für die Unternehmensführung nicht direkt erkennbar. Die Wirkungszusammenhänge stellen damit aus Sicht des Autors einen besonders interessanten Aspekt in weiteren Untersuchungen dar. Dabei könnte z. B. untersucht werden, inwieweit sich Kundenanforderungen auf das Sicherheitsniveau auswirken.

- Einen weiteren Aspekt besteht in der Klärung der Frage, welche Ausprägungsarten der Neigungen und Charakterzüge der Unternehmensführung zur Informationssicherheit bestehen. Eine mögliche Basis, auf welcher die Frage ansetzt, wie stark die Ausprägung der vorhandenen Neigungen der Unternehmensführung sich auf eine Veränderung des Sicherheitsniveaus bemerkbar macht. Der bewusste Umgang mit der Wirkung von Wesenszügen der Unternehmensführung hätte den Nutzen die Informationssicherheit effizienter in die Unternehmung einbinden zu können.

- Informationen dienen vermehrt als steuerndes Element innerhalb der Geschäftsprozesse einer Unternehmung. Der Sicherheitsbeauftragte verliert teilweise seine Funktion als reiner Dienstleister und ist vermehrt als kollektiver Gestallter aktiv. Es gilt die Frage zu klären wie diese erweiterten Aufgaben in die bestehende Funktion eingebunden werden können.

Die Entwicklung der letzten Jahre im Bereich der Informationstechnologie und die damit verbundener Informationssicherheit haben ihren Beitrag zu einer gestiegenen Komplexität beigetragen. Eine Komplexität welche die Unternehmensführung vor Probleme stellt, welche mit den bestehenden Managementkonzepten und den Denk-, und Handlungsweisen nicht mehr gelöst werden können. Für die Unternehmensführung wird es daher entscheidend sein sich vermehrt mit den Wirkungszusammenhängen im Unternehmen auseinander zu setzen und Managementkonzepte auf die eigenen Bedürfnisse hin zu entwickeln damit die anstehenden Herausforderungen erfolgreich gemeistert werden können.

Die Umsetzung der in der vorliegenden Untersuchung erstellten Empfehlungen führt zu einer verbesserten Qualität der Führungsaufgaben und trägt aktiv dazu bei, dass Voraussetzungen für einen Unternehmenserfolg geschaffen werden. Der Autor wünscht sich daher, dass in der Praxis nicht nur der Faktor Kapital sondern auch die Information zur Informationssicherheit und deren Transformation in einen Nutzen, als wesentliche Faktoren erkannt werden. Ein aktives Gestallten der Wirkungszusammenhänge verbessert dabei die Kommunikation welche letztlich eine verbesserte Führung der Unternehmung ausmacht.

7. Verzeichnisse

7.1. Abkürzungsverzeichnis

BSI   Bundesamt für Sicherheit in der Informationstechnik, Deutschland

CIO   Chief Information Officer, oberster Leiter der Informatik in einem Unternehmen

CISO   Chief Information Security Officer, oberster Informationssicherheitsbeauftragter in einem Unternehmen

COBIT   Control Objectives for Information and Related Technology. Ein Revisionsstandard, entwickelt durch die Information System Audit and Control Association (ISACA) für die Abschätzung von Informationssicherheitsrisiken.

CRO   Chief Risk Officer, Leiter der Risk Management Organisation eines Unternehmens

ISACA   Information System Audit and Control Association. Die weltweite Association der IT-Revisoren und IT-Sicherheitsmanager.

IT   Information Technology. Bezeichnet die Informations- und Kommunikationstechnologie.

ITIL   IT Infrastructure Library. Best Practice Standard des englischen Office of Government Commerce für die Lieferung von IT-Dienstleistungen.

7.2.   Abbildungsverzeichnis

Abbildung 1: Situationsdarstellung 4

Abbildung 2: Aufbau und Struktur der vorliegenden Untersuchung.............................7

Abbildung 3: Managementkonzepte im kontinuierlichen Managementprozess...........11

Abbildung 4: Einordnung der Management- Sicherheitskonzepte..............................12

Abbildung 5: Auszug der ISO/IEC-Normen mit Bezug zur IT-Sicherheit....................16

Abbildung 6: Inhalt der Sicherheit 20

Abbildung 7: Zusammenhänge im Kontext der Sicherheit...23

Abbildung 8: PDCA-Zyklus...29

Abbildung 9: Sytem mit Element und Beziehung 32

Abbildung 10: Regelkreis am Beispiel eines Sicherheitsgateway 34

Abbildung 11: Arbeitsphasen 38

Abbildung 12: Ursachen-Wirkungs-Beziehung...39

Abbildung 13: Wirkungsdiagramm mit Regelgrösse...40

Abbildung 14: Vorgehensphasen der Untersuchung...45

Abbildung 15: Wirkungsdiagram - Informationssicherheit und
           Unternehmensführung 52

Abbildung 16: Feedbackschleife Unternehmenswachstum..53

Abbildung 17: IT-Sicherheitziel in Bezug auf Unternehmensziele.............................57

Abbildung 18: Feedbackschleife IT-Servicefunktionalität 61

Abbildung 19: Feedbackschleife Risiko..66

Abbildung 20: MBTI-Typen 81

7.3. Literaturverzeichnis

Bundesamt für Sicherheit ind der Informationstechnik (BSI). (Mai 2011). *Publikationen.* (B. f. (BSI), Hrsg.) Abgerufen am 02. 04 2012 von Lageberichte: https://www.bsi.bund.de/ContentBSI/Publikationen/Lageberichte/bsi-lageberichte.html

NET-Metrix AG. (März 2012). *Net Metrix-Mobile.* (N.-M. AG, Herausgeber, & NET-Metrix AG) Abgerufen am 05. April 2012 von Mobile Report: http://www.net-metrix.ch/produkte/net-metrix-mobile/mobile-report

Arora, A., Krishnan, R., Telang, R., & Yang, Y. (2010). *An Empirical Analysis of Software Vendors' Patch Release Behavior: Impact of Vulnerability Disclosure.* Pennsylvania: INFORMS.

Ashby, W. R. (1974). *Einführung in die Kybernetik* (1 Ausg.). Suhrkamp.

Baskerville, R. (4. Dezember 1993). Information System Security Design Methods. *ACM Computing Surveys (CSUR)* (Volume 25 Issue 4), S. 375-414.

Becker, J., Kugeler, M., & Rosemann, M. (2003). *Prozessmanagement: Ein Leitfaden zur prozessorientierten Organisationsgestaltung* (4 Ausg.). Springer Verlag.

Beer, S. (1959). *Cybernetics and management.* University of Michigan: The English Universities Press.

Beimborn, D., Franke, J., Gomber, P., & Wagner, H.-T. (5. Oktober 2006). Die Bedeutung des Alignment von IT und Fachressourcen in Finanzprozessen Eine empirische Untersuchung. *Wirtschaftsinformatik* (48, Nummer 5), S. 331-339.

Bildungsdirektion Kanton Zürich. (2011). *Kanton Zürich Bildungsdirektion.* Abgerufen am 15. 03 2012 von Dienstleistungen & Kommunikation, Berufsbildungsmarketing: http://www.mba.zh.ch/internet/bildungsdirektion/mba/de/dienstleistungen_kommunikation/berufsbildung smarketing/konferenzberufsbildung.htm

Birchall, D., Ezingeard, J.-N., McFadzean, E., Howlin, N., & Yoxall, D. (2004). *Information assurance - Strategic alignment and competitive advantage.* London, England: Grist Ltd.

Blum, E. (2000). *Grundzüge anwendungsorientierter Organisationslehre:.* Oldenbourg: Oldenbourg Verlag.

Böhm, M. (2008). Praxis der Wirtschaftsinformatik. In K. Hildebrand, S. Meinhardt, & S. M. Knut Hildebrand (Hrsg.), *Compliance & Risk Management* (Bd. HMD 263, S. 15-29). Heidelberg: dpunkt.verlag GmbH.

Böttcher, R. (2008). *IT-Servicemanagement mit ITIL V3* (1 Ausg.). Hannover, Deutschland: Heise Zeitschriften Verlag.

Briggs-Meyer, I. (2000). *Introduction to Type - A Guide to Understanding Your Results on the Myers-Briggs Type Indicator.* Oxford Psychologists Press.

Brühwiler, B. (2007). *Risikomanagement als Führungsaufgabe.* Haupt Verlag AG.

Brünger, C. (2009). *Erfolgreiches Risikomanagement mit COSO ERM: Empfehlungen für die Gestaltung und Umsetzung in der Praxis.* Berlin, Deutschland: Schmidt Erich Verlag.

Bundesamt für Sicherheit ind der Informationstechnik (BSI). *ITIL und Informationssicherheit - Möglichkeiten und Chancen des Zusammenwirkens von IT-Sicherheit und IT-Service-Management.* Bonn: Bundesamt für Sicherheit in der Informationstechnik.

Bundesamt für Sicherheit ind der Informationstechnik (BSI). (2011). *Studie zur IT-Sicherheit in kleinen und mittleren Unternehmen - Grad der Sensibilisierung des Mittelstandes in Deutschland.* Studie, Bonn.

Capgemini. (2012). *Studie IT-Trends 2012 - Business-IT-Alignment sichert die Zukunft.* Berlin: Capgemini.

Coleman Parkes Research: CA Technologies. (2011). *The Avoidable Cost of Downtime - The impact of IT downtime on employee productivity.* England: Coleman Parkes.

Davenport, T., & Prusak, L. (1998). *Working Knowledge: How Organizations Manage What They Know* (1 Ausg.). Boston / Massachusetts: Harvard Business School Press.

Düren, J. K., Bürger, B., & Tilch, T. (2011). *Risikomanagement 2.0 - Ergebnisse und Empfehlungen aus einer Befragung in mittelständischen deutschen Unternehmen.* Berlin: Bundesverband der Deutschen Industrie e.V.

Eckert, C. (2009). *IT-Sicherheit: Konzepte, Verfahren, Protokolle* (6 Ausg.). München – Oldenbourg, Deutschland: Oldenbourg Verlag.

Economist Intelligence Unit . (2008). *From burden to beneþt: making the most of regulatory risk management.* The Economist Intelligence Unit. London: The Economist Intelligence Unit.

Eggert, K. (2010). Integrales Risikomanagement - eine Herausforderung für innovative Lösungskonzepte. In P. Harland, M. Schwarz-Geschka, & P. Harland (Hrsg.), *Immer eine Idee voraus: Wie innovative Unternehmen Kreativität systematisch nutzen* (1 Ausg.). Harland Media.

England, R. (2011). *Review of recent ITIL® studies.* APM Group.

Esch, F.-R., Hermann, A., & Sattler, H. (2011). *Marketing - Eine managementorientierte Einführung* (3 Ausg.). München: Franz Vahlen GmbH.

Flick, U., von Kardorff, E., & Steinke, I. (2010). *Qualitative Forschung: Ein Handbuch* (8 Ausg.). Rowohlt Tb.

Fröhlich, M., & Kurt, G. (2007). *IT-Governance: Leitfaden für eine praxisgerechte Implementierung* (1 Ausg.). (M. Fröhlich, & G. Kurt, Hrsg.) Wiesbaden, Deutschland: Gabler Verlag.

Fröhlich, M., Glasner, K., Goeken, M., & Johannsen, W. (Juli 2007). Sichten der IT-Governance. (Z. ISACA, Hrsg.) *IT-Governance* (1).

Gadatsch, A., & Mayer, E. (2010). *Masterkurs IT-Controlling* (4 Ausg.). Wiesbaden, Deutschland: Vieweg+Teubner Verlag.

Gälweiler, A. (2005). *Strategische Unternehmensführung* (3 Ausg.). Frankfurt: Campus Verlag.

Gründer, T. (2007). *Managementhandbuch IT-Sicherheit - Risiken, Basel II, Recht.* Berlin: Erich Schmidt Verlag GmbH .

Häder, M. (2006). *Empirische Sozialforschung - Eine Einführung* (1 Ausg.). Wiesbaden, Deutschland: VS Verlag.

Händeler, E. (2011). *Die Geschichte der Zukunft - Sozialverhalten heute der Wohlstand von Morgen* (8 Ausg.). Moers: Brendow & Sohn Verlag GmbH.

Hatley, D., Hruschka, P., & Imtiaz, P. (2003). *Komplexe Software-Systeme beherrschen* (1 Ausg.). Verlag moderne industrie Buch AG & Co. (mitp).

Herzog, H.-H., & Pruckner, M. (Mai 2012). Kybernetik und Management - Mut zum Umdenken. (S. g. ag, Hrsg.) *Management und Qualität* (5/2012), S. 12-15.

Hinterhuber, H. H. (2004). *Strategische Unternehmenführung - 1. Strateguisches Denken* (7 Ausg.). Berlin: Walter de Gruyter.

Hofmann, E. (2002). Neue Managementkonzepte - Entwicklungszüge, Eigenschaften, Erfolgsausprägungen und Integrationsdimensionen. In W. Stölzle, K. Gareis, & I. M.-u. Logistikkonzepte (Hrsg.), *Integrative management- und Logistikkonzepte* (S. 3-38). Wiesbaden: Gabler Verlag.

Hörz, H., & Wessel, K.-F. (1983). *Philosophische Entwicklungstheorie: weltanschauliche, erkenntnistheoretische und methodologische Probleme der Naturwissenschaften* (Bd. 1). Berlin: Deutscher Verlag der Wissenschaften.

Hungenberg, T. (2011). *IT-Sicherheit - Grundlagen der Informationssicherheit: Schwachstellen, Bedrohungen, Gegenmaßnahmen.* Abgerufen am 10. April 2012 von http://www.hungenberg.net/th/de/itsec/bedrohungen.html

IBM Corporation. (2012). *Finding a strategic voice - Insights from the 2012 IBM Chief Information Security Officer Assessment.* Studie, Armonk.

Information Systems Audit and Control Association (ISACA). (2012). *Glossary of Terms - English-German.* ISACA.

ISO/IEC. (2004). *ISO/IEC 13335-1 Information technology -- Security techniques -- Management of information and communications technology security.* ISO/IEC.

ISO/IEC. (2000). *ISO/IEC 17799 Information technology -- Security techniques -- Code of practice for information security management.* ISO/IEC. ISO/IEC.

ISO/IEC. (2011). *ISO/IEC 20000-1:2011 - Information technology -- Service management -- Part 1: Service management system requirements.* ISO/IEC. ISO/IEC.

ISO/IEC. (2012). *ISO/IEC 20000-2:2012 - Information technology -- Service management -- Part 2: Guidance on the application of service management systems.* ISO/IEC. ISO/IEC.

ISO/IEC. (2005). *ISO/IEC 27001 Information technology – Security techniques – Information security management systems – Requirements.* ISO/IEC. ISI / IEC.

ISO/IEC. (2008). *ISO/IEC 27005 Information technology -- Security techniques -- Information security risk management.* ISO/IEC. ISO/IEC.

ISO/IEC. (2009). *ISO/IEC 31000:2009 Risk management -- Principles and guidelines.* ISO/IEC. ISO/IEC.

ISO/IEC. (2002). *ISO/IEC Guide 73 Risk management -- Vocabulary -- Guidelines for use in standards.* ISO/IEC. ISO/IEC.

IT Governance Institute (ITGI). (2007). *Cobit 4.1 Exective Overview.* Rolling Meadows: IT Governance Institute.

Jirasek, J., & Mai, D. (1972). *Kybernetisches Denken in der Betriebswirtschaft - Zur Nutzanwendung der Kybernetik in der Praxis der Unternehmensführung* (Bd. 26). E. Schmidt.

Kaplan, R., & Norton, D. (2009). *Der effektive Strategieprozess: Erfolgreich mit dem 6-Phasen-System* (1 Ausg.). (H. Brigitte, Übers.) Frankfurt, Deutschland: Campus Verlag.

Kcmar, H. (2009). *Informationsmanagement* (5 Ausg.). Berlin Heidelberg, Deutschland: Springer.

Keirsey, D., & Bates, M. (1990). *Versteh mich bitte - Charakter- und Temprament- Typen.* Verlag: Prometheus Books.

Kersten, H., & Klett, G. (2008). *Der IT Security Manager: Expertenwissen für jeden IT Security Manager- Von namhaften Autoren praxisnah vermittelt* (2 Edition kes Ausg.). Wiesbaden, Deutschland: Vieweg+Teubner Verlag.

Klauser, M., Thorsten, L., & Wicky, C. (11. August 2011). *Konzeptlos: Manager führen oft nicht zukunftsfähig.* Abgerufen am 09. Mai 2012 von business-wissen.de: http://www.business-wissen.de/fachartikel/mitarbeiterfuehrung/

König, H.-P. (2006). *IT-Risiko-Management mit System* (2 Ausg.). Wiesbaden, Deutschland: Friedr. Vieweg. & Sohn Verlag.

Königs, H.-P. (2009). *IT-Risiko-Management mit System - Von den Grundlagen bis zur Reakisierung* (3 Ausg.). Wiesbaden, Deutschland: Vieweg und Teubner Fachverlag GmbH.

Kornschnabel, S. (2008). *IT-Security Governance* (1 Ausg., Bd. 23). (D. Bartmann, Hrsg.) Regensburg: ibi research an der Universität Regensburg GmbH.

Kronschnab, S., Weber, S., Dirnberger, C., Török, E., & Münch, I. (2010). *IT-Sicherheitsstandards und IT-Compliance 2010.* Regensburg: ibi research an der Universität Regensburg GmbH.

Kuhn, L. (26. Mai 2009). *Die beliebtesten Managementmethoden.* Abgerufen am 05. 04 2012 von manager magazin online: http://www.manager-magazin.de/harvard/0,2828,655054-4,00.html

Löbel, J., Schröger, Z.-A., & Closhen, H. (2005). *Nachhaltige Managementsysteme* (2 Ausg.). Berlin, Deutschland: Erich Schmid Verlag GmbH & Co.

Lothar, D. (2006). *Innovationen durch IT: Erfolgsbeispiele aus der Praxis: Produkte - Prozesse - Geschäftsmodelle* (1 Ausg.). (W. Schirra, Hrsg.) Berlin Heidelberg, Deutschland: Springer-Verlag.

Luhmann, N. (1984). *Soziale Systeme: Grundriss einer allgemeinen Theorie.* Frankfurt/Main: Suhrkamp.

Lünendonk, T., & Zillmann, M. (2009). *Integrierte Unternehmenssteuerung, Trendstudie 2009/2010.* Business Analytics. Kaufbeuren: Lünendonk GmbH.

Lutz, J. H., Arminl, H., & Friedrich, R. (2004). *Wirtschaftsinformatik-Lexikon* (7 Ausg.). Oldenburg, München, Deutschland: Oldenbourg Wissenschaftsverlag.

Malik, F. (2006). *Führen, Leisten, Leben: Wirksames Management für eine neue Zeit* (1 Ausg.). Frankfurt: Campus Verlag GmbH.

Malik, F. (1. Juni 2008). *m.o.o -Letter 6/08 - Funktionierendes Corporate Governance.* (M. Z. St.Gallen, Hrsg.) Abgerufen am 05. 04 2012 von Malik Management: http://www.malik-management.com/de

Malik, F. (2007). *Management: Das A und O des Handwerks* (1 Ausg.). Frankfurt a.M., Deutschland: Campus Verlag GmbH.

Malik, F. (2002). *Strategie des Managements komplexer Systeme.* Bern: Haupt Verlag AG.

Malik, F. (2008). *Unternehmenspolitik und Corporate Governance: Wie sich Organisationen selbst organisieren.* Frankfurt , Deutschland: Campus Verlag GmbH.

Materna AG. (6. Mai 2010). *Pressemitteilungen 2010 - ITIL® kommt in Fahrt – aber nur teilweise.* Abgerufen am 12. April 2012 von Materna: http://www.materna.de/DE/Pages/Presse/Pressemitteilungen/2010/BUI/Aktuelle%20MATERNA-Befragung%20ITIL%20kommt%20in%20Fahrt%20aber%20nur%20teilweise.html

Meyer, M., Zarnekow, R., & Kolbe, L. M. (2003). IT-Governance - Begriff, Status quo und Bedeutung. *Wirtschaftsinformatik 45* (4), S. 445-448.

Mintzberg, H. (2010). *Managen.* Offenbach, Deutschland: Gabal Verlag GmbH.

Mithas Sunil / Tafti Ali / Bardhan Indranil. (2012). *Information Technology and Firm Profitability: Mechanisms and Empirical Evidence.* University of Minnesota: MIS Quarterly.

Müller, K.-R. (2005). *Handbuch Unternehmenssicherheit* (1 Ausg.). Wiesbaden: Friedr.Vieweg & Sohn Verlag.

Neubauer, M., Hofmann, T., & Romeike, F. (2011). *SocialMedia und Reputationsrisiken - Ergebnisse einer explorativen Umfrage unter Risiko-und Kommunikationsmanagern.* The Executive Partners Group / RiskNET GmbH / PRGS.

Norten, D., & Kaplan, R. (20. Dezember 2006). Strategien (endlich) umsetzen. *Harvard Business Manager* (1), S. 22-35.

NZZ-online. (7. Februar 2012). *Neue Zürcher Zeitung.* (N. Z. AG, Herausgeber) Abgerufen am 15. Mai 2012 von http://www.nzz.ch/aktuell/digital/swisscom-bluewin-e-mail-spam-1.14856283

NZZ-online. (14. Februar 2012). *Neue Zürcher Zeitung.* (N. Z. AG, Herausgeber) Abgerufen am 15. Mai 2012 von http://www.nzz.ch/aktuell/panorama/250000-cablecom-telefonkunden-stundenlang-ohne-netz-1.15039885

Obligationenrecht (OR). (1. März 2012). Bundesgesetz betreffend die Ergänzung des Schweizerischen Zivilgesetzbuches (Fünfter Teil: Obligationenrecht). *Sechsundzwanzigster Titel: Die Aktiengesellschaft* . (D. B. Eidgenossenschaft, Hrsg.)

Office of Government Commerce (OGC). (2007). *ITIL Service Design.* TSO.

Office of Government Commerce (OGC). (2007). *ITIL Service Strategy.* TSO.

Pohl, H. (September 2004). Taxonomie und Modellbildung in der Informationssicherheit. *DuD - Datenschutz und Datensicherheit* (28), S. 679.

Pruckner, M. (2002). *Ich wusste gar nicht, dass ich Prosa sprechen kann! - Essay über die Management-Kybernetik.* Cwarel Isaf Institute. www.managementkybernetik.com.

Resch, D., Dey, P., Kluge, A., & Steaert, C. (2005). Die Führungsbücher selber schreiben. In R. Bouwen, & D. Resch (Hrsg.), *Organisationspsychologie als Dialog: Inquiring social constructionist possibilities in organizational life* (D. Resch, Übers., 1 Ausg., S. 113-121). Lengerich: Pabst.

Rolling, M. (2003). *IT Governance für Geschäftsführer und Vorstände.* IT Governance Institute. IT Governance Institute self published.

Rüter, A., Schröder, J., Göldner, A., & Niebuhr, J. (2010). *IT-Governance in der Praxis* (2 Ausg.). Berlin, Deutschland: Springer Verlag.

Schadt, D. (2006). Ökonomie der IT-Sicherheit. In M. Mörike (Hrsg.), *HMD Praxis der Wirtschaftsinformatik - Kosten und Nutzen von IT-Sicherheit* (1 Ausg., Bd. 248). Dpunkt.Verlag GmbH.

Schawel, C., & Billing, F. (2011). *Top 100 Management Tools: Das wichtigste Buch eines Managers.* Wiesbaden, Deutschland: Gambler Verlag GmbH.

Seeger, C. (2005). *Die besten Ideen von Peter F. Drucker* (Edition Harvard Business Manager Ausg.). manager magazin Verlag.

Senge, P. (2011). *Die fünfte Disziplin - Kunst und Praxis der lernenden Organisation* (11 Ausg.). Stuttgard, Deutschland: Schäffer-Poeschel Verlag.

Sherwood, D. (2011). *Einfacher managen - Mit systemischem Denken zum Erfolg* (1 Ausg.). Weinheim, Deutschland: Wiley-VCH Verlag & Co.

Spiegel Online . (27. Juli 2011). *Rasantes Wachstum - Amazon steigert Umsatz und opfert Gewinn.* Abgerufen am 02. 04 2012 von Spiegel Online - Wirtschaft: http://www.spiegel.de/wirtschaft/unternehmen/rasantes-wachstum-amazon-steigert-umsatz-und-opfert-gewinn-a-776826.html

Springer Gabler. (20. Mai 2012). *Stichwort: Kommunikation*, 6. (G. Verlag, Herausgeber) Abgerufen am 20. Mai 2012 von Gabler Wirtschaftslexikon: http://wirtschaftslexikon.gabler.de/Archiv/54937/kommunikation-v6.html

Springer Gabler. (kein Datum). *Stichwort: System.* (S. Gabler, Herausgeber) Abgerufen am 15. 04 2012 von Gabler Wirtschaftslexikon: http://wirtschaftslexikon.gabler.de/

Stafford, B. (1966). *Decision and Control: the Meaning of Operational Research and Management Cybernetics* (2 Ausg.). London: John Wiley.

Surowiecki, J., & Beckmann, G. (2007). *Die Weisheit der Vielen: Warum Gruppen klüger sind als Einzelne* (2 Ausg.). München: Goldmann Verlag.

Süss, S. (Februar 2009). Die Institutionalisierung von Managementkonzepten. Eine strukturationstheoretisch-mikropolitische Perspektive. *Zeitschrift für Betriebswirtschaft* , S. 187-212.

Süss, S. (2009). Managementkonzept. *DBW Die Betriebswirtschaft* (1), S. 113-117.

Symantec Corporation. (2007). *IT Risk Management Report 2: Myths and Realities.* Cupertino: Symantec Corporation.

Symantec Corporation. (2011). *Threat Management Survey - GLOBAL FINDINGS.* Symantec.

Teuermann, C., & Ebner, G. (2012). *Risikomanagement im österreichischen Mittelstand – Verbreitung, Bedeutung und zukünftige Erwartungen.* Graz: Risk Experts Risiko Engineering GmbH / CAMPUS 02.

Thommen, J.-P. (1996). *Managementorientierte Betriebswirtschaftslehre* (5 Ausg.). Zürich, Schweiz: Versus Verlag AG.

Töpfer, A. (2010). *Erfolgreich Forschen: Ein Leitfaden für Bachelor-, Master-Studierende und Doktoranden* (2 Ausg.). Berlin, Deutschland: Springer Verlag.

Ulrich, H., & Probst, G. (2001). *Anleitung zum ganzheitlichen Denken und Handeln* (3 Ausg., Bd. 3). Haupt Verlag.

Vahs, D. (2003). *Organisation: Einführung in die Organisationstheorie und-praxis* (4 Ausg.). Schäffer-Poeschel.

VDI Verlag GmbH. (23. 12 2011). *VDI Nachrichten.* (V. V. GmbH, Herausgeber) Abgerufen am 15. März 2012 von Artikel, Nr.51/52: http://www.vdi-nachrichten.com/artikel/Unternehmen-in-der-Datenflut/56511/2

Vogel, P., & Schmid, M. (2012). *ITIL-Studie 2011/12.* Hochschule Luzern.

Wikimedia Foundation Inc. (25. Februar 2011). *Stichwort: Informationstechnik.* (W. F. Inc., Herausgeber) Abgerufen am 05. April 2012 von Wiktionary, das freie Wörterbuch: http://de.wiktionary.org/wiki/Informationstechnik

Wilber, K. (2001). *Ganzheitlich handeln: Eine integrale Vision für Wirtschaft, Politik, Wissenschaft und Spiritualität.* Freiamt: Arbor Verlag.

Wilde, T., & Hess, T. (2006). *Methodenspektrum der Wirtschaftsinformatik - Überblick und Portfoliobildung*. Institut für Wirtschaftsinformatik und Neue Medien der Ludwig-Maximilians-Universität München, Wirtschaftsinformatik. München: Ludwig-Maximilians-Universität München.

Winter, S. (15. Mai 2000). *Quantitative vs. Qualitative Methoden*, 1. (L. f.-u. Organisationspsychologie, Herausgeber, & Universität Mannheim) Abgerufen am 27. März 2012 von Universität Mannheim: http://imihome.imi.uni-karlsruhe.de/nquantitative_vs_qualitative_methoden_b.html

Zöllner, C., & Bassen, A. (2007). *Interne Corporate Governance: Entwicklung einer Typologie* (1 Ausg.). Wiesbaden, Deutschland: Deutscher Universitätsverlag.